Heidrun Kuhlmann

Seelenfutter

Frische Energie für die Alltage unseres Lebens

johannis

Aktuelle Informationen über die Arbeit der Autorin finden Sie auf ihrer Homepage: **www.seelenfutter.de**

Bibliografische Information der Deutschen Bibliothek
Die Deutsche Bibliothek verzeichnet diese Publikation in der Deutschen Nationalbibliografie; detaillierte bibliografische Daten sind im Internet über http://dnb.ddb.de abrufbar.

ISBN 3-501-01505-4
Bestell-Nr. 72450
3. Auflage 2005

Umschlagbild: H. Reinhard
Umschlaggestaltung: Friedbert Baumann
Gesamtherstellung: St.-Johannis-Druckerei, Lahr/Schwarzwald
Printed in Germany 16136/2005

www.johannis-verlag.de

Inhalt

Vorwort 9

Leben in der Balance von Geben und Nehmen, Muss und Muße 11

Die zwei Schwestern in uns 11
Wer nach allen Seiten offen ist, ist nicht ganz dicht 16
Wie viele Kamele bin ich wert? 17
Fröhlich mit 70 Prozent 19
Die großen Examina im Leben 20
Everybody's Darling 22
Fang erst einmal an 23
Freifrau von und zu 24
Die 1-Million-Euro-Frage 25
Zirkusreife Frauen 27
Man beklagt sich nicht, man wird damit fertig 28
Die Last der ganzen Welt auf unseren Schultern? 30
Ein Stück Himmel auf Erden 31
»Eck sinn all dor« 33
»Ich bin nicht fertig geworden« 34

Wir bewegen etwas, wir setzen uns ein

Die wichtigste Zeit ist immer ... 35
Sage mir, wofür du Zeit hast 40
Die Weisheit der Miederhose 41
Trag deine Termine mit einem Bleistift ein 42
Liebe ist ... 43
Du bist ein Engel 45
Der eigenen Angst begegnen 46

»Je ne regrette rien« 48
Den Widerständen trotzen 49
Schwester Irene 49
Weltveränderung beginnt in meinem Herzen 51
Es gibt viel zu tun, warten wir es ab 52
Weil ich es (mir) wert bin 54
Aus wenig wird viel 56
Es ist nicht genug zu wissen . . . 57
Das Spiel wird im Kopf entschieden 59
In diesem Moment 60

Von guten Mächten wunderbar geborgen 62
Trost – los? 62
Midlife crisis 66
So nüchtern und gleichzeitig so wahr 66
Die kalte Dusche 68
Geh drauf zu! 69
Ein offenes Gesicht 71
Mit dem Koffer auf der Kellertreppe 72
Alles hatten sie trainiert, nur das Verlieren nicht 73
Aufstehen für Muhammad Ali 74
Die schwierigste aller Wurfdisziplinen 76
Wenn nichts mehr geht 76

Miteinander auf dem Weg 78
Haben Sie schon gehört? 78
Zähl erst einmal bis zehn 83
Was Hans über Liese sagt 85
Der Ton macht die Musik 86
Sag den Menschen ein gutes Wort 88
Sylter Geschichten 89
Tante Emma sitzt in ihrem Zimmer und nimmt übel 90
Übrigens, was ich noch sagen wollte 92
Mischkultur 94

Ach, wie gut, dass niemand weiß 95
Zeige mir deine Freunde und ich sage dir, wer du bist 97
Sie will nichts mehr von mir wissen 98
Wir haben uns nicht mehr viel zu sagen 100
Klärungen 101
Lebenserwartung – damals und heute 102

Sonntäglich leben 103

Gib der Seele einen Sonntag 103
Gesundheit aus dem Kochtopf 106
Morgenrituale 107
Denk mal genau das Gegenteil 109
Wer hätte das gedacht? 110
Du weißt 111
Wie wird es sein? 113
Einen Schatz im Herzen haben 114
Feier-Abend 116
Einschlaf-Rituale 118
Ich bin gut zu meinem Körper 119
Wer bin ich? 121
Lachen befreit 122
Aus allem das Beste machen 124

Regenbogen-Zeit 126

Leben unter dem Regenbogen 126
Wenn die Zeit vollendet ist 130
In der Schule des Pferdeflüsterers 131
Die Möwe über dem Ehebett 133
Wer traut sich noch? 134
Danke, Baronin Nadine de Rothschild 136
Die Filme der Nacht 138
Ich habe einen Traum 139

Quellenangaben 142

Vorwort

Ich habe auf meinen Vortragsreisen viele wunderbare Frauen kennengelernt.

Das sind Frauen, die in Familie und Beruf Erstaunliches geleistet haben – oft im Verborgenen. Das sind Frauen, die durch schwierige Lebensphasen hindurch gegangen sind, in einer Weise, dass ich mich mit einer stillen Hochachtung vor ihnen verbeuge. Das sind Frauen, die sich im Kleinen und Großen mit Selbstverständlichkeit und Zivilcourage engagieren, die einen weiten Horizont haben und vor Ort handeln, tun, was möglich ist.

Manchmal sagen sie: Was wir brauchen, das sind Worte, die uns den Rücken stärken und uns beflügeln, Gedanken, die uns inspirieren und über den eigenen Tellerrand hinausschauen lassen. Wir brauchen etwas für Herz und Geist, das stabil und mutig macht für das, was das Leben uns Tag für Tag abverlangt. Wir brauchen „Seelenfutter"!

Dieses Buch ist eine Sammlung von Notizen, Geschichten und Erkenntnissen, eine Quintessenz dessen, was mir heute – mit 50 Jahren – als wichtig und wesentlich erscheint.

Was ich Ihnen damit schenken möchte, das drückt diese Anekdote vielleicht am treffendsten aus:

Von dem Dichter Rainer Maria Rilke wird erzählt, dass er in seiner Pariser Zeit regelmäßig mit einer Begleiterin über einen großen Platz gegangen ist. Dort saß Tag für Tag eine alte Frau, die bettelte. Dabei schaute sie verschämt nach unten und saß in sich gekrümmt da.

Rilkes Begleiterin gab der Frau häufig ein Geldstück. Die Alte guckte nicht hoch und bedankte sich nicht, wenn ihr jemand etwas gab. Sie zeigte keinerlei Regung.

Einmal wurde Rilke von seiner Begleiterin gefragt: „Warum geben Sie nie etwas?" Er antwortete: „Wir müssten ihrem Herzen geben und nicht ihrer Hand!"

Wenige Tage später kaufte er auf dem Markt eine eben aufgeblühte weiße Rose und legte sie der Bettlerin in die offene, abgezehrte Hand.

Da geschah das Unerwartete.

Die Frau blickte auf, sah den Geber, erhob sich mühsam von der Erde, tastete nach der Hand des fremden Mannes, küsste sie und ging mit der Rose davon. Eine Woche lang war die Alte verschwunden.

Nach acht Tagen saß sie wieder an ihrem gewohnten Platz, unbewegt und stumm wie vorher.

Auf die Frage, wovon sie denn wohl die letzten Tage gelebt habe, antwortete Rilke: „Von der Rose!“

Wovon leben wir?

Was lässt uns aufblühen, stellt unsere Füße auf weiten Raum und feuert uns mit Lebenwollen an?

Was ist uns Energieschub und Muntermacher, zeigt an, wofür sich das Aufstehen jeden Morgen lohnt?

Ich möchte Ihnen mit diesem Buch eine „weiße Rose“ überreichen, etwas, das Sie hoffentlich überrascht und berührt, das Lebensmut und Liebe in Ihnen wachsen lässt.

Leben in der Balance von Geben und Nehmen, Muss und Muße

Die zwei Schwestern in uns

Maria und Martha wohnen in einem Dorf an der Straße von Jericho nach Jerusalem. In der Mittagszeit kommen völlig überraschend 13 junge Männer bei ihnen vorbei. Jesus steht mit seinen Freunden vor der Tür. Dreizehn durchgeschwitzte, müde, hungrige Männer!

Ich nehme an, Sie wissen, was das bedeutet, wenn 13 hungrige Männer unerwartet zu Besuch kommen, welche Mengen an Essen und Trinken Sie da auffahren müssen. Wenn ich das mal salopp ausdrücken darf: „Aktion Kahlfraß ist angesagt"!

Martha, das ist so ein Typ von Frau, wie wir sie in unseren Dörfern häufig finden. Sie ist eine ganz patente, tüchtige Frau, die viel „wuppen" kann, wie wir sagen. Im Neudeutschen würden wir sie eine Powerfrau nennen. Martha hat einen Blick und ein Geschick für das, was zu tun ist. Und sofort erwacht in ihr die Super-Hausfrau, Managerin und Gastgeberin. Damals galt Gastfreundschaft in den Häusern als selbstverständlich. Einen Partyservice oder Pizza-Bringdienst gab es nicht.

Martha läuft also in den Keller, um zu sehen, was noch da ist. Sie geht ans Eingemachte, stellt sich an den Herd und fängt an zu brutzeln. Sie holt frisches Wasser aus dem Brunnen und ein paar Flaschen Spätlese vom Feinsten. Zwischendurch noch einmal schnell in den Garten, um Zutaten für einen leckeren Salat zu pflücken. Der Schweiß läuft ihr am Rücken herunter. Haben Sie das Bild vor Augen?

Nach einiger Zeit werden die Geräusche in der Küche immer lauter. Die Töpfe scheppern. Unsanft stellt Martha die Teller auf den Tisch und rasselt mit den Bestecken. Und dann kocht es in ihr über, so, als wenn man bei einem Dampfdrucktopf das Ventil öffnet.

„Jesus, findest du das nicht völlig daneben, dass Maria mir nicht hilft? Sie sieht doch, was hier alles zu tun ist. Während ich mir die Hacken ablaufe, sitzt sie gemütlich an deiner Seite. Kannst du ihr nicht sagen, dass sie endlich mit anpacken soll und dass du solche Faulheit ganz bestimmt nicht gutheißt!" Rumsitzen und Predigten hören, was soll das denn! Es gibt doch was zu tun!

Und dann kommt ein Satz, über den sich schon viele Frauen maßlos aufgeregt haben. Da zeigt Jesus sich von einer Seite, wie wir es nicht vermutet hätten. Das ist nicht gentleman-like, das passt nicht in unser Bild, wie er reagiert. Er sagt: „Martha, Martha, du bist eine tüchtige Frau. Du machst dir viel Mühe. Das ist toll, was du alles auf die Beine stellst. Aber – weißt du was. Maria hat das richtig gemacht. Sie hat das getan, was in diesem Moment am allerwichtigsten ist."

Was heißt das? Sollen wir ständig nur abwarten und beschaulich Tee trinken? Von alleine kommt kein Essen auf den Tisch! Soll das etwa nicht anerkannt werden, wenn eine Frau sich ihr Leben lang müht, damit alles läuft! Für viele Frauen ist das Leben wie ein Siebentagerennen. Aber wie soll es denn gehen, wenn keiner einen Finger krümmt, sich verantwortlich fühlt? Natürlich kommen die Frauen häufig selbst dabei zu kurz. Natürlich geht das manchmal auch über die eigenen Kräfte. Verstehst du nicht, Jesus, wie du den Frauen, die sich nicht schonen, wehtust, wenn du das sagst?

Soll das nicht anerkannt werden, was Frauen ehrenamtlich leisten, wie sie sich engagieren in ihrem Dorf, in den Vereinen, in der Kirchengemeinde? Was wäre eine Kirche, die aus frommen Nichtstuern und tatenlosen Vielwissern besteht, aus Menschen, die ihrem Glauben nicht auch die entsprechenden Taten folgen lassen! Was wäre eine Kirche ohne Diakonie, ohne „Brot für die Welt" und Welthungerhilfe, ohne Besuchskreise und Ferienaufenthalte für Kinder aus Weißrußland!

Martha steht für einen Menschen, der das Naheliegende und Notwendige tut. Ihre Haltung ist für jeden plausibel und achtenswert. Gucken Sie in Ihre Nachbarschaft und gucken Sie in die Welt. Es gibt so vieles, das schreit geradezu nach Hilfe. Und ohne Menschen, die sich in Bewegung setzen, die Ärmel hochkrempeln und zupacken, die etwas abgeben von ihrer Zeit und sich ab und zu sogar dabei verzehren – ohne diese Menschen geht es doch nicht!

Und was soll die Rede von einem liebenden Gott, wenn die Auswirkungen nicht wenigstens ansatzweise zu erkennen sind in dieser Welt. Die Menschen fragen doch zurecht nach der Glaubwürdigkeit, nach der Einheit von Wort und Tat.

Jesus, warum hast du Martha nicht gelobt – in höchsten Tönen gelobt – und Maria einmal ordentlich zurechtgestutzt und ihr auf die Sprünge geholfen? Warum ist das nicht mehr wert, wenn Menschen sich mühen und einsetzen und ihre eigenen Bedürfnisse hintenan stellen, anstatt sich ein bequemes und beschauliches Leben zu machen wie Maria?

Warum? Du selbst hast doch gerade vorher den barmherzigen Samariter gelobt, der einem Überfallenen spontan weitergeholfen – und damit das einzig richtige getan hat. Warum lobst du jetzt die hörende Maria vor der arbeitenden, rackernden Martha? Warum?

Manche Eltern haben alles für ihre Kinder getan, bis zum Umfallen geschuftet, weil die es einmal besser haben sollten. Und sie wundern sich, wenn die Kinder später sagen: „Ja, ihr habt unbeschreiblich viel für uns getan. Aber ihr hattet nie wirklich Zeit und Liebe für uns. Ihr habt einen beindruckenden äußeren Rahmen geschaffen und nicht gemerkt, wie leer und einsam wir manchmal darin waren. Wir hätten so gerne mit Papa einen Drachen gebaut, aber der hatte immer zu tun!"

Ab und zu steht eine Freundin vor der Tür! Und wie das so ist, fragen wir gleich: „Was darf ich dir anbieten", und machen uns zu schaffen. Vielleicht möchte sie nur einmal ihr Herz ausschütten, braucht jemanden zum Zuhören. Sie möchte gar nicht bewirtet werden, möchte nur die wohltuende Nähe eines Menschen.

Und was ist, wenn Power-Frauen einmal gebremst werden? Wenn sich anderes auftut als das, was wir im Griff haben?

Martha hat womöglich in all ihrer Geschäftigkeit das Geheimnis ihres Gastes übersehen. Er wollte sie beschenken und sie hatte beide Hände voll zu tun. Er hatte ihr etwas zu sagen – und sie hatte kein offenes Ohr für ihn. Randvoll beschäftigt mit Arbeit und Terminen, mit Sorgen und Menschen kann es sein, dass ein Mensch vergisst, was seinem Leben Glanz, Größe und Halt gibt, was wesentlich ist.

Jesus ist mit der Einladung in die Welt gekommen: „Kommt her zu mir alle, die ihr eine Menge zu tragen habt und erschöpft seid, bei mir sollt ihr zur Ruhe kommen, auftanken und aufatmen!"

Ab und zu brauchen wir Momente, wo wir alles stehen und liegen lassen, wo wir in uns selbst hinein hören und mit Gott ins Gespräch kommen: „Warum bin ich manchmal so unzufrieden? Was fehlt mir bloß, obwohl ich doch eigentlich alles habe? Wie kommt es, dass ich an manchen Tagen so unbeschreiblich unter Druck stehe? Was macht mich müde?"

Manchmal brauchen wir Muße, um staunen zu können: „Mensch, das gibt ja noch ganz andere Seiten in mir, die ich völlig aus den Augen verloren habe! Mensch, das gibt ja noch so viel mehr als meine Arbeit, mein Funktionieren und meine kleine Welt, in der ich mich eingerichtet habe!"

Für einen Augenblick schließe ich die Augen und bin eins mit Gott und der Welt, bin glücklich und ahne die Leichtigkeit des Seins.

Ich muss die Kraft meines Lebens nicht aus mir selbst schöpfen, wie schnell wäre ich dann erschöpft! Ich muss nicht mein eigener Trost und meine selbstgestrickte Hoffnung sein. Ich lebe davon, dass in all meinem Sorgen einer da ist, der für mich sorgt, der mich ent-sorgt und ent-lastet, einer, bei dem ich zur Ruhe komme.

Bernhard von Clairvaux (1090–1153), ein Zisterzienser-Abt, hat an seinen früheren Mönch, Papst Eugen III. geschrieben:

Es ist viel klüger, du entziehst dich ab und zu deinen Beschäftigungen, als dass sie dich ziehen und dich nach und nach an einen Punkt führen, an dem du nicht landen willst. Du fragst, welchen Punkt? Den Punkt, an dem dein Herz hart wird.

Damit deine Menschlichkeit voll und echt sein kann, musst du nicht nur für alle anderen, sondern auch für dich selbst ein aufmerksames Herz haben. Denn was würde es dir nützen, wenn du alle gewinnen, dich selbst aber als einzigen verlieren würdest? Wenn also alle Menschen ein Recht auf dich haben, dann gestehe dieses Recht auch dir selbst zu. Ja, wer mit sich selbst schlecht umgeht, wie kann der gut zu anderen sein! Denk also daran: Gönne dich dir selbst. Ich sage nicht: Tu das immer. Aber ich sage: Tu das immer wieder einmal. Sei wie für alle anderen auch für dich selbst da.

Martha und Maria sind zwei Schwestern in uns. „Wir müssen arbeiten, als ob alles beten nichts nützt und beten, als ob alles arbeiten nichts nützt“, so hat es Martin Luther ausgedrückt. Diese Welt braucht Frauen, die beides in sich vereinen: Martha und Maria!

Wer nach allen Seiten offen ist, der ist nicht ganz dicht

Gehören Sie auch zu den Menschen, die sich für alle und alles verantwortlich fühlen, sind zu einem Menschen erzogen worden, der keine Bitte abschlagen kann, der ein hypersensibles Gewissen hat und sofort sieht, wo Hilfe gebraucht wird?

Ich habe Mütter kennen gelernt, die sagen: „Wir schreiben morgen eine Mathearbeit. Wir müssen noch viel dafür tun!"

„*Wer* muss etwas tun?", frage ich erstaunt.

Warum betrachte ich das hin und wieder als meine Aufgabe, das Zimmer des 17-jährigen jungen Mannes aufzuräumen, das aussieht, als habe ein neuerlicher Ausbruch des Vesuv seine Spuren hinterlassen? In einem Wechselbad von Wutanfällen und abgrundtiefer Traurigkeit frage ich mich, wie soll der später zum „global player" werden, Verantwortung für diese Welt übernehmen, wenn er nicht einmal seinen ureigensten kleinen Lebensraum gestalten kann?

Ich sage ungern ab, wenn ich zu einem Vortrag eingeladen werde. Eigentlich ist der Kalender schon viel zu voll gestopft, aber wenn doch jemand so lieb fragt?

Ich weiß, wie wichtig das ehrenamtliche Engagement ist, dass wir nicht alle auf dem Sofa sitzen bleiben können und nur alles besser wissen, sondern jeder das tut, was ihm möglich ist. Wie sagte John F. Kennedy: „Lasst uns nicht immer nur fragen, was der Staat für uns tun kann, lasst uns auch mal fragen, was wir für den Staat tun können." Demokratie ist etwas Anspruchsvolles, sie braucht mündige verantwortungsbewusste Bürger und nicht solche, die ständig auf „die da oben" schimpfen und es sich bequem machen mit der Selbstberuhigung: „Was kann ich denn dafür?" – Nein, diese Gesellschaft muss endlich wieder dahin, dass die Mehrheit fragt: „Was kann ich denn dafür *tun*?" Wie kann mein ganz persönlicher Beitrag aussehen, damit nicht alles beim Alten bleibt? Natürlich soll es zu Hause einigermaßen schön sein. Wenn wir auch keinen gepflegten Park haben, aber verwildern soll es bitte nicht. Wenn ich auch kein Fünf-Sterne-Hotel für die Familie bieten kann, aber drei Sterne hätte ich schon ganz gern. Ich möchte Freundschaften pflegen und meinem Mann eine Frau sein, mit der er gerne zusammen ist, auf die er stolz ist. Wenn ich dabei zeitweise etwas müde und flügellahm werde, wen wundert es. Das Pensum, das ich mir zumute, das Pensum, das sich ganz viele Frauen zumuten, ist hoch!

Und wer den Eindruck vermittelt, stets belastbar und bereit zu sein, dem wird immer noch mehr aufgepackt, bis er irgendwann zusammenbricht.

Für Tage, an denen mir alles viel zu viel wird, habe ich in der Küche ein Meditationsobjekt. Das ist der Durchschlag für die Nudeln und den Salat. Den stelle ich mir dann auf den Tisch und meditiere folgenden Satz: *„Wer nach allen Seiten offen ist (wie dieser Durchschlag), der ist nicht ganz dicht."*

So ist es, ich kann nicht allem und allen so gerecht werden, wie es meinen Idealen entspricht. Ich habe Grenzen! Das muss ich akzeptieren. Ich brauche das Maß, das fürmich stimmig ist, mit dem ich klarkomme, ohne über meine Kräfte zu leben.

Wie viele Kamele bin ich wert ?

Susanne kam freudestrahlend von einer Israelreise zurück und sagte: „Stell dir vor, da waren Männer, die haben 30 Kamele für mich geboten!" Sie hätten das mal erleben müssen. Susanne ging wie auf Wolken, die war ganz aus dem Häuschen!

„Ich bin wertvoll!" Das ist ein wunderschönes Gefühl. Wenn dir eine schwierige Arbeit gut gelungen ist oder wenn andere wahrnehmen und anerkennen, was du leistest. Wenn du weißt: Das, wofür ich mich mühe, ist wichtig. Mark Twain hat einmal gesagt: „Von einem guten Kompliment kann ich zwei Wochen lang leben!"

Ich bewundere Menschen, die von ihrem Wert überzeugt sind.

Was muss das eine Frau stark und selbstsicher gemacht haben, wenn Vater sie „Röschen" nannte, sie mit strahlenden Augen angesehen und mit einer unendlichen Liebe gefördert hat!

Eine sagt: „Wer mich nicht mag, der hat keinen Geschmack!" Seitdem Susanne von Israel erzählt hat, frage ich mich manchmal: Wie viele Kamele bin ich wohl wert?

Meistens begegne ich Frauen, die, obwohl sie Großes geleistet und durchgestanden haben, nur sehr wenig von sich halten.

Vielleicht hat in ihren Poesiealben gestanden: *„Sei wie das Veilchen im Moose, sittsam, bescheiden und rein und nicht wie die stolze Rose, die immer bewundert will sein."*

Pflichtbewusst fühlen sie sich für alles zuständig, sind stets mit dem schlechten Gewissen unterwegs, dass es nicht genug ist, was sie leisten. Wenn etwas schief gegangen ist, suchen sie den Fehler zuerst bei sich selbst. Wenn gestritten wird, geben sie um des lieben Friedens willen nach.

Wie viele Kamele bin ich wert?

Hängt mein Wert davon ab, was andere von mir halten?

Du liebe Zeit, wie anfällig! Wie schrecklich!

Hängt mein Wert davon ab, wie tüchtig ich bin, was ich selbst von mir halte, wie attraktiv ich bin?

Bin ich wertvoller an dem Tag, an dem 500 Frauen mir nach einem Vortrag sagen: „Was sind Sie für 'ne tolle Frau", als an jenem Tag, wo ich mich fürchterlich blamiert habe, wo nichts ging und mich eine mittelschwere depressive Verstimmung erwischt hat?

Mein Wert ist woanders begründet: Irgendwann ist im Himmel beschlossen worden, dass es diese Welt ohne mich nicht geben sollte. Gott hat gesagt: „Du bist wertgeachtet in meinen Augen", oder mit meinen Worten: „So etwas Tolles wie die Heidi gibt's nie wieder, ist die nicht Spitzenklasse?" Zugegeben, es ist leichter, einen Wackelpudding an die Wand zu nageln, als dies zu verinnerlichen und vor allem zu leben, dass über meinem Leben das Prädikat „Wertvoll" steht. Aber es ist so! In der Bibel steht: „Du bist wertgeachtet in meinen Augen."

Fröhlich mit 70 Prozent

Völlig zerknirscht sitze ich bei meinem Mann im Arbeitszimmer und bin den Tränen nahe. So ähnlich muss ein Nervenzusammenbruch sein. „Ich schaffe es einfach nicht! Warum haben andere Frauen alles im Griff, ihren Haushalt, ihren Garten, ihr ganzes Leben und ich krieg es nicht gebacken! Ich hab überhaupt keinen Mumm, irgendetwas anzupacken. Was soll ich denn bloß tun?"

Ich habe einen klugen und lieben Mann. „Dein Problem ist, dass du immer alles perfekt haben möchtest, das Haus, den Garten, das Wochenende, wenn die Kinder kommen. Du willst für alle da sein, ein offenes Ohr haben, die liebe Heidi sein. Die Gottesdienste, die Landfrauen, der Kirchenvorstand – alles möchtest du 150%-ig. Nimm doch mal den Druck raus, hab Mut zum Unvollkommenen, zum Fragment. Sei einfach mit 70 Prozent zufrieden und fröhlich."

Ja, ich möchte immer das Perfekte. Das ist schrecklich, denn damit mache ich mir das Leben unnötig schwer. Ich habe so hohe Ansprüche an mich selbst, dass ich oft wie blockiert bin. Chronische Unzufriedenheit und Überforderung verhindern, locker das Nächstliegende anzupacken. Entweder hopp oder topp.

Wenn ich nicht genügend Zeit habe, das Wohnzimmer ganz gründlich zu machen, schön zu dekorieren, mag ich gar nicht erst anfangen. Halbheiten sind mir zuwider.
Stunde um Stunde sitze ich am Schreibtisch. Es soll nicht irgendetwas Mittelmäßiges entstehen, sondern etwas ganz Besonderes! Ständig begleitet mich das ungute Gefühl, dass es nicht gut genug ist, dass ich nicht gut genug bin! Ich sehe nicht das Gelungene, sondern das Mangelhafte an meiner Arbeit, an mir und meinem Umfeld!

Hinter dem Perfektionismus steckt ganz viel Angst. Ich weiß. Er hat eine lange Geschichte und ich bin gerade dabei, sie zu erkunden.

Das Schlimme ist: Du bist damit immer auf der Verliererstraße. Vollkommenheit ist eine Illusion, verkrampft und blockiert einen Menschen, macht ihn kaputt, krank und einsam.

Kann es sein, dass die Menschen viel sympathischer sind, die Fehler machen, denen auch mal etwas daneben geht? Vielleicht sollte ich beim nächsten Scheitern wie Alexis Sorbas sagen: „Hast du schon mal etwas so herrlich daneben gehen sehen!“ und ein Fest feiern? Unvollkommenheit ist menschlich und macht menschlich! Unter uns gesagt, ich freue mich immer, wenn ich mal in eine nicht perfekte Wohnung komme!

Nach dem Gespräch mit Klaus sage ich mir neuerdings: Wollen wir mal sehen, was die unperfekte Heidi alles schafft. Es ist erstaunlich: Das ist eine ganze Menge!

Ich muss nicht die ganze Welt verändern, nur das tun, was mir jetzt gerade möglich ist.

Wenn Sie dies jetzt lesen, habe ich Fortschritte gemacht auf dem Weg zur Unvollkommenheit. Ich habe dieses Buch wirklich – trotz aller Zweifel – einem Verlag anvertraut.

Die großen Examina im Leben

Mein liebes Kind,

als Mutter sehe ich voller Stolz und Freude, mit welcher Sorgfalt Du Dich auf Deine Prüfungen in Mathe vorbereitest.

Zuerst verschaffst Du Dir einen Überblick über den Stoff, den Du beherrschen musst – und dann stellst Du einen detaillierten Zeitplan auf, bis wann etwas erledigt sein soll. Ich bin stark beeindruckt, mit welcher Disziplin Du ans Werk gehst. Immer wieder rechnest Du Deine Übungsaufgaben, bis Du die einzelnen Schritte mit schlafwandlerischer Sicherheit beherrschst. Ich weiß, Du willst immer das Beste geben.

Und wenn der große Tag näher rückt, dann kannst Du nicht mehr ruhig schlafen, fragst schon mal, was Du denn außer Baldrian noch alles versuchen könntest gegen die Anspannung und Nervosität. Es quält Dich die Frage, ob Du es schaffen wirst. Nein, nicht irgendwie. Sehr gut möchtest Du es schaffen. Es soll immer alles sehr gut sein. Du hast hohe Ansprüche an Dich selbst. „Sub-optimal", wie Du es nennst, reicht Dir nicht!

Und wenn es einmal nicht sehr gut wird, dann weiß ich, wie Du leidest. Es ist, als würde eine Welt für Dich zusammenbrechen. Manchmal denke ich im Stillen: Mensch, bleib mal locker, Du leidest mehr, als es eine Zensur wert ist. Aber was sage ich! In mir selbst steckt doch auch so viel von Deinem Perfektionismus, so viel! Allen gestehe ich Fehler und Versagen zu, nur mir selbst nicht!

Weißt Du, es wird im Leben noch ganz andere Examina für Dich geben. Einige sind von der Art, dass Du sie nicht mit „summa cum laude" bestehen kannst. Manchmal wirst Du schon zufrieden sein, wenn Du einfach nur durchgekommen bist, nachdem Du etliche Federn gelassen hast.
Es wird Überraschungen geben, auf die Du nicht vorbereitet bist. Es wird auch mal etwas dazwischen knallen, was Deine Vorstellungen von einem guten, gelingenden, erfolgreichen Leben über den Haufen wirft. Leben ist eine Gleichung mit vielen Unbekannten! Das kennst Du doch aus der Mathematik.

Dir wird mancher Abschied zugemutet werden, der entsetzlich weh tut. Du wirst bittere Tränen weinen, vor manchem Scherbenhaufen stehen müssen. Und das sind die entscheidenden Examina des Lebens.
Du kannst Dich nicht auf alles vorbereiten, so, dass Du es fest im Griff hast. Es kommt selten so, wie Du es in Deinen Konzepten vorgesehen hast, wie es Deinen Idealen entspricht. Vielleicht lernst Du beizeiten einen ganz wichtigen Satz zur Vorbereitung auf solche Prüfungen: „Lass

dir an meiner Gnade genügen, denn meine Kraft ist in den Schwachen mächtig!"

Das ist die Konstante in aller Veränderlichkeit und Vergänglichkeit des Lebens.

Everybody's Darling

Die meisten Frauen haben ein enormes Harmoniebedürfnis. Sie möchten es möglichst allen recht machen. Je schwächer ihr Selbstbewusstsein ist, desto mehr betteln sie bei anderen um Zuwendung, machen sich abhängig von dem, was andere von ihnen halten, richten ihr Verhalten nach dem, was andere von ihnen erwarten.

Stellen Sie sich bitte die folgende Situation vor: Sie haben Geburtstag und sitzen mit sechs Freundinnen gut gelaunt beim Sekt. Es klingelt. Mutter oder Schwiegermutter kommt und überreicht ihnen freudestrahlend ein Geschenk. Es ist ein selbstgestrickter Pullover, von dem sie der festen Überzeugung ist, das sei der schönste zwischen Westerland und München. Sie sehen das gute Stück und finden ihn schrecklich, einfach nur schrecklich. Was nun?

Fangen Sie jetzt an zu schwärmen, wissen Ihre Freundinnen, dass Sie Theater spielen – und wahrscheinlich bekommen Sie bis zum Rest ihres Lebens zu Weihnachten und zum Geburtstag selbstgestrickte Modelle, die Sie nicht mögen. Sagen Sie: „Schrecklich", ist die Schenkende zutiefst traurig und verletzt.

Vielleicht sollten Sie sagen: „Ich freue mich riesig, was du für mich an Zeit und Liebe investiert hast. Aber, was meinst du, vielleicht sollten wir beim nächsten Mal zusammen Wolle einkaufen. Wir könnten uns in Hannover ein schönen Tag machen, Zeitungen durchblättern und gemeinsam überlegen, was am besten zu mir passt."

Ich wünsche mir eine Harmonie, die echt und ehrlich ist.

Fang erst einmal an

Wie sie wohl zu ihren Weisheiten gekommen sind, unsere Alten, so ganz ohne psychologische Ratgeber und Lebenshilfe-Talkshows am Nachmittag.

An einem Tag, an dem ich mich am liebsten im Mauseloch verkrochen hätte, an dem der innere Schweinhund stärker war als ich und mich ungeliebte Arbeiten immer weiter aufschieben ließ, da sagte Großmutter: „Fang doch erst mal an!"

Und was war? Wenn ich erst einmal angefangen hatte, dann änderte sich in kürzester Zeit die Stimmung. Ich bekam Lust auf mehr. Kleine Anfangserfolge ließen mich auf Hochtouren kommen.

Ich habe bei Oma etwas gelernt: Wenn ich wieder mal so einen Tag habe, wo ich nicht in die Puschen komme, wenn etwas wie ein unüberwindbarer Berg vor mir liegt, dann will ich wenigstens 15 Minuten an die Arbeit gehen. „Nur eine Viertelstunde", sag ich mir, „dann kannst du wieder aufhören."

Stellen Sie sich vor: Ich sitze 15 Minuten an den Unterlagen zur Steuererklärung – und komme nicht mehr davon los. Es hat mich gepackt. Es macht Spaß. Und um Mitternacht ist alles geschafft!

Oma hatte recht: Wenn ich darauf warte, dass der ideale Tag kommt, wo ich vor Begeisterung nicht zu bremsen bin, dann muss ich womöglich lange warten. Wenn ich aber ohne Lustfaktor erst einmal anfange, kommt die Begeisterung oft wie von selbst. Wie sagen die alten Chinesen: „Wer nur an Sonnentagen wandert, kommt nie ans Ziel!"

Freifrau von und zu

So etwas Beeindruckendes habe ich selten erlebt. Wir saßen in der Oper „Nabucco“ und als die Stelle mit dem Gefangenenchor kam, da summten fast alle Zuschauer mit und wiegten sich harmonisch im Takt. Ist es die Melodie, ist es die uralte Sehnsucht nach Freiheit, die uns da angerührt hatte?

Frei sein, wer möchte das nicht?

Ich sitze in einer Runde mit anderen Menschen zusammen und bin unsicher und gehemmt. Ich mag kaum den Mund aufmachen und habe eine seltsame Enge in der Brustgegend. Eigentlich bin ich ganz anders, warum komme ich jetzt nicht dazu?

In anderer Gesellschaft bin ich locker und geistreich. Ich lache, erzähle und versprühe ganz viel Charme.

Was läuft da in uns ab? In wessen Nähe können wir frei und authentisch sein – und wo sind wir blockiert und verunsichert, in uns selber nicht zu Haus?

Frei sein, wer möchte das nicht?

Wie oft habe ich gedacht, wenn die Zeiten erst einmal ruhiger werden, wenn du erst einmal überstanden hast, was jetzt wie ein dicker Stein auf dir liegt, wenn du erst einmal nicht mehr hinterherhinkst mit der Arbeit, sondern auf dem Laufenden bist. Dann kannst du dich zurücklehnen, alles läuft wie geschmiert, du bist frei.

Kommt Ihnen das bekannt vor?

Inzwischen weiß ich: Die Zeiten sind nie ganz ruhig und unbeschwert. Irgendetwas ist immer. Zuerst hast du eine kranke Mutter, dann selbst einen Hexenschuss. Die kleinen Kinder bringen Läuse und Masern aus dem Kindergarten mit nach Hause. Die großen Kinder haben Liebeskummer und brauchen Hilfe beim Umziehen und Tapezieren. Heute ist der Abfluss verstopft, für nächste Woche hat sich der Betriebsprüfer vom Finanzamt angemeldet und dann müsste unbedingt die Gefriertruhe abgetaut werden. Irgendetwas ist immer.

Wie kann ich in unruhigen Zeiten eine Art innere Freiheit bewahren?

Man sagt, dass es im Auge eines Taifuns, im Zentrum eines Wirbelsturms, so still ist, dass ein Baby darin schlafen könnte.

Ob es ihn gibt, diesen Platz, wo ich meine innere Freiheit bewahren kann, wo ich sagen kann: „Stopp, bis hierher und nicht weiter, hier lasse ich keinen heran"?

Ich liebe das Lied: „Die Gedanken sind frei". Vieles, was von außen auf uns einströmt, was uns unter Druck setzt, das können wir nicht aus der Welt schaffen. Aber wie weit wir die Menschen, die Umstände, das Belastende und Schwere an uns heranlassen, das ist unsere Entscheidung, das hat mit unserer inneren Freiheit zu tun!

Ein Pastor wurde von einem Mann böse beschimpft und einmal sogar bespuckt. Dieser Pastor war so frei, dass er sagen konnte: „Du kannst nicht so viel rotzen, wie ich vergeben kann!" Solche innere Freiheit wünsche ich mir.

Die Eine-Million-Euro-Frage

Marion ist Mitte 40. Die letzten Jahre haben eine Menge Kraft gekostet. Mit drei Kindern war es zu Hause oft heiß her gegangen. Weil ihr Mann im Beruf bis an die Grenze belastet, manchmal auch überlastet war, ist sie im Grunde genommen eine allein erziehende Mutter gewesen, allein verantwortlich für Haus und Garten, Steuererklärungen, Hausaufgaben und Elternabende – und für alles, was man soziale Kontakte nennt. Wenn sie nicht einige Freundschaften gepflegt hätte und den Zusammenhalt der Familie, dann wäre da nicht viel gelaufen.

Aber jetzt hat sie ein bisschen mehr Luft, es ist ruhiger geworden. In diesem Jahr will die Familie endlich einmal zwei Wochen gemeinsam in Urlaub fahren. Das erste Mal. Am Gardasee haben sie eine Ferienwohnung gemietet. Marion freut sich riesig.

Und dann passiert Folgendes: Marions Mutter, die sonst immer putzmunter war, fängt eine Woche vor der Reise an zu kränkeln und zu jammern. Keiner weiß genau, was dahinter steckt, es gibt keine organischen Befunde. Aber Mutter sitzt da wie ein Häufchen Elend und leidet.

Sollte der Körper womöglich etwas anzeigen, wofür Mutter und Tochter keine Worte finden? Das ist ja nicht immer einfach, über Gefühle zu sprechen. Es gibt Generationen von Frauen, die das nie gelernt haben. Auf einmal sagt der Körper, was ein Mensch nicht aussprechen kann, dass er Angst hat vor dem Alleinsein, dass er Angst hat, es könnte etwas passieren, er könnte etwas verlieren, er könnte alleine nicht klarkommen. Wer weiß! Sie können sich das vorstellen: Marion ist hin- und hergerissen.

„Wenn ich wegfahre, wird mich zwei Wochen lang ein schlechtes Gewissen plagen, weil ich meine kranke Mutter im Stich gelassen habe. Ich werde mit einem Ohr immer ängstlich aufs Handy lauschen. Ich werde in der Sonne Italiens sitzen und kann selbst die herrlichste Landschaft, den köstlichsten Rotwein, nicht recht genießen, weil ich mir ständig vorwerfe, dass ich eine herzlose Tochter bin, ein verantwortungsloses Kind. Wenn ich zu Hause bleibe, ist Mutter wahrscheinlich sehr froh, vielleicht geht es ihr bald besser. Aber ich bin nicht an dem Platz, wo ich hingehöre. Die Kinder werden mich vermissen, und mein Mann wird maßlos enttäuscht sein. Ganz zu schweigen von der Tatsache, dass ich selbst den Abstand vom Alltag unheimlich gut gebrauchen könnte!"

Was meinen Sie? Manche sagen: „Nehmt die Oma doch mit!" Andere fragen: „Hat Marion keine Schwester (keinen Bruder)?" Einige regen an: „Es gibt doch ambulante Pflegedienste." Viele werden ganz still: „Ich würde nie meine kranke Mutter allein lassen." Eine Dame sagte: „Hier müssen zwei Frauen eine wichtige Lektion lernen, das Loslassen. Wir haben keine 24-Stunden-Ansprüche auf einen Menschen und wir können nicht immer zur Verfügung stehen. Es gibt ein Nein in der Liebe, damit gleichzeitig ein aufrechtes Ja möglich wird!"

Was würden Sie denn tun – in Marions Situation?

Zirkusreife Frauen

Gehen Sie gerne in den Zirkus? – Als Kind hat mich diese fremde Welt in besonderer Weise verzaubert. Bei manchen Artisten halte ich heute noch den Atem an.

Zum Beispiel bei dem Jongleur, der die vielen Teller in Bewegung hält. Der Mann bringt einen Teller in Schwung und setzt ihn auf einen langen wackeligen Stab – und dann noch einen Teller und noch einen und noch einen ... Ja, hört er denn gar nicht auf? Schau, der erste fällt schon fast herunter. Da muss er unbedingt hin, hoffentlich sieht er das! Und jetzt zu dem hinten rechts. Ich bin fix und fertig, allein vom Zuschauen. Wer die meisten Teller in Bewegung hält, der ist der Beste.

Ich habe den Eindruck, dass es viele Frauen zu einer wahren Meisterschaft bringen bei dem Kunststück „Wer bewegt am meisten, wer hält am meisten am Laufen"! Und man bescheinigt uns, wir seien dafür prädestiniert, vieles zur gleichen Zeit zu tun. „Multitasking" nennt man das heute. Das soll mit den Chromosomen zu tun haben, dass Frauen dafür besonders begabt sind.

Stimmt. Während ich telefoniere, kann ich nebenbei die Wohnung aufräumen oder die Post aus dem Briefkasten holen und die Blumen gießen. Das spart eine Menge Zeit bei Viel-Telefoniererinnen wie mir. Während ich koche, kann ich Salat und Kräuter aus dem Garten holen oder schnell die Wäsche in die Maschine stecken und zwischendurch einige Teile bügeln.

Es ist erstaunlich, welche Vielfalt ein einziger, völlig „normaler" Vormittag bei mir beinhaltet.
Ehrlich gesagt: Dieses bewundernswerte „Multitasking" hat Nebenwirkungen, die alles andere als wünschenswert sind.

Wie oft habe ich so viele verschiedene Dinge gleichzeitig im Kopf, dass ich mich verzettele. Ich bin nicht richtig bei der Sache und dann passieren Fehler, dumme Fehler, unangenehme Fehler. Irgendwann stehe ich im Keller und denke: „Was wolltest du hier?" Die Geheimzahl vom Online-Banking habe ich so sicher und scheinbar in Trance versteckt, dass ich sie selbst nicht mehr wiederfinden kann.

Meine Mutter sagt manchmal: „Du bist doch wieder im Walde!" Ja, ich bin da und doch nicht da. Ich bin mit den Gedanken immer schon ganz woanders. Was haben wir aber auch alles zu bedenken und zu tun!

Warum geb ich den Dingen (und Menschen) nicht die Zeit, die sie brauchen? Ich weiß doch, wie angenehm es ist, ohne Druck zu arbeiten – ganz da zu sein, bei dem, was ich tue.

Manchmal wünsche ich mir, wie Alfred Biolek das Kochen zu zelebrieren und einen Küchenwein dabei zu trinken. Warum meinen wir, wir müssten möglichst viel in unserer Zeit unterbringen? Liegt nicht in der Ruhe die Kraft, die Kreativität, der Erfolg? Und ist ein Mensch, der ganz da ist, der ganz gegenwärtig ist, nicht ein Geschenk für seine Welt?

Man beklagt sich nicht – man wird damit fertig

Wenn ich richtig informiert bin, hat Margaret Thatcher, die ehemalige britische Premierministerin, diesen Satz geprägt. Die „eiserne Lady" war bekannt für ihre Disziplin und für die Härte gegen sich selbst.

Sie verkörperte: Was zu tun ist, wird wie selbstverständlich getan. Darüber wird nicht viel geredet und gejammert. Gönn dir und deinem Umfeld eine gewisse Contenance, bitte!

Doch, Haltung bewahren, ist etwas Gutes! Ich kenne Frauen, die haben eine bewundernswerte Ausstrahlung, von denen geht etwas Straffes, Starkes aus. Das sind Persönlichkeiten!

Wie wohltuend sind sie im Vergleich zu manchen verwöhnten und verzärtelten Stöhntanten, denen von vornherein alles zuviel ist, selbst die kleinste Herausforderung.

Aber, ich glaube, Frau Thatcher trifft nur die halbe Wahrheit mit ihrem Satz. Ein Mensch kann seine Schwäche, seine inneren Kämpfe, seine Einsamkeit nicht immer nur verbergen. Ab und zu brauchen wir eine Klagemauer, wo wir uns einmal ausjammern und ausweinen können.

Ich weiß, in der Generation unserer Mütter wurde brav und ohne Widerworte vieles heruntergeschluckt. Aufmucken gab es nicht. Gefühle wurden weder gezeigt noch ausgesprochen. Es wurde oft in der Stille geweint. Aber transportieren Tränen nicht eine Wahrheit, die unbedingt raus muss? Es gab für viele Frauen eine Menge Kränkungen, die krank gemacht haben. Bei mancher Frau hat sich im Laufe der Jahre viel seelischer Müll abgelagert, der so explosiv ist, wie das, was unter Gorleben schlummert.

Ich weiß, einige Frauen haben sich an manchen Stellen eine Hornhaut zugelegt. Aber ist es immer richtig, wie ein Mülleimer alles in sich hineinzufressen, bis man irgendwann so eine Art Opferseelenkrankheit bekommt und wir im Magen, an der Galle, an den Nerven oder sonstwo spüren, wie fertig uns das alles macht?

Dürfen wir nicht auch mal sagen, was uns verletzt, womit wir nicht klarkommen, wo uns jemand ungerecht behandelt und überfordert? Warum lassen wir das nicht mal heraus, was wir alles an Ballast mit uns herumschleppen, wovor wir Angst haben? Du musst nicht immer die Starke spielen, die alles schafft!

Was einen Menschen menschlich macht, das ist, wenn er nicht immer vor Kraft strotzend wie ein Denkmal dasteht. Was kann uns mehr verbinden, als wenn einer vom anderen weiß: Wir sind alle viel, viel schwächer, als wir ahnen – und wir haben alle eine unendlich große Sehnsucht, dass wir trotz unserer Schwäche geliebt werden.

Was ginge da für ein Aufatmen durch die Reihen, wenn wir auch mal schwach sein dürften!

Es könnte der Beginn einer besonderen Stärke sein!

Die Last der ganzen Welt – auf unseren Schultern?

In der Antike erzählte man von einem Riesen namens Atlas, der dazu verurteilt war, das Himmelsgewölbe zu tragen. Hätte er auch nur einen Moment losgelassen, dann wäre der Himmel auf die Erde gestürzt. Eine tragische Gestalt, dieser Atlas, der nun jahrein, jahraus dastand und den Himmel auf seinen Schultern trug.

Ich habe den Eindruck, dass wir auch oft wie dieser Riese Atlas dastehen und schwer zu tragen haben.

Wir tragen schwer an unserer Verantwortung – und je gewissenhafter wir sind, desto mehr lastet sie auf uns. Es ist gar nicht immer die Arbeit selbst, die uns zusetzt, sondern die Verantwortung, die auf unseren Schultern ruht.

Du hast die Verantwortung für deine Kinder. Was für eine Aufgabe! Und wer die Kindererziehung wie eine Doktorarbeit betrachtet, immer Angst hat, etwas falsch zu machen, trägt daran besonders schwer. Es werden heute pro Jahr 3 Milliarden Euro für Erziehungsratgeber ausgegeben.

Als Vorsitzende des Kirchenvorstandes bin ich im Ehrenamt zuständig für den Friedhof, für Baudenkmäler, für Ländereien und was nicht alles. Natürlich gibt es da viel zu tun, aber am meisten belasten die Empfindlichkeiten der Menschen, das Verdrehen, das Besserwissen, die Hässlichkeiten. Wie das so ist in einem Dorf. Wer etwas anpackt, steht in besonderer Weise in der Zielscheibe der Kritik.

Ja, wir sind verantwortlich für unsere alten Eltern, wenn deren Kräfte nachlassen. Mir haben Frauen erzählt, dass sie nie in Urlaub gefahren sind, weil sie meinten, sie seien zu Hause unabkömmlich, ohne sie ginge es nicht!

Einmal haben sie es doch gewagt. Sie sind weggefahren. Und was war? Die Kinder sind bestens klargekommen. Der Mann ist nicht verhungert, die 12-jährige hat gekocht. Es ist nicht einmal eine Seuche ausgebrochen, weil der Hausputz nicht wie sonst erledigt war.

Ich liebe diese Geschichte:

Ein kleiner Vogel liegt auf dem Rücken und hält ganz angestrengt die Beine in die Luft. Sein Freund kommt darauf zu und fragt: „Was stöhnst du denn da?" – „Ich muss den Himmel stützen mit meinen Beinen. Sobald ich meinen Platz verlasse, stürzt alles zusammen!" Der Freund schmunzelt und kitzelt den kleinen Vogel am Bauch. Der erschrickt, juchzt auf und krümmt sich vor Lachen auf dem Boden. Und was passiert? Der Himmel bleibt, wo er ist.

Ich wünsche Ihnen und mir jemand, der uns von Zeit zu Zeit am Bauch kitzelt, wenn wir uns mal wieder für unersetzlich halten und wie Atlas die Last der ganzen Welt auf unseren Schultern tragen.

Ein Stück Himmel auf Erden

Vor 30 Jahren habe ich von einem Freund ein kleines Heft geschenkt bekommen. Es trägt den verheißungsvollen Titel: „Die Gegenwart Gottes – eine wirkliche Erfahrung".

Mittlerweile habe ich dieses Heft mehr als hundertmal gelesen. Es ist ramponiert, mit vielen Notizen versehen – aber sein Geheimnis habe ich mehr und mehr verinnerlicht. Bruder Lorenz, ein Karmelitermönch aus dem 17. Jahrhundert, kreist immer nur um ein Thema: Gott ist da, hier und jetzt. Er geht alle Wege mit, die ich zu gehen habe. Er ist die große Kraft, die in meine kleine Kraft hineinfließen will. Er ist die Ewigkeit, die meiner Zeit eine andere Qualität gibt, mich zeit-los macht. Es kommt schon hier und jetzt, in diesem Augenblick, ein Stück Himmel zu mir auf die Erde.

Gegen die Arbeit in der Küche hatte Bruder Lorenz eine große Abneigung. Küchenarbeit fiel ihm schwer, weil er von Natur aus ein unbeholfener Mensch war.

Wissen Sie, was er schreibt: *Gott, wenn du mich wirklich an diesem Platz gebrauchen willst, dann werde ich mir Mühe geben und erwarte, dass du mir hilfst.*

Manche Arbeit, manches Unangenehme und Beschwerliche sehe ich seitdem in einem anderen Licht. Wo ist der Platz, an dem Gott durch mich etwas ausrichten will? Den will ich ausfüllen.

Wie oft habe ich mich wiedergefunden in dem Satz: *„Herr, ich wüsste nicht, wie ich es schaffen sollte, wenn du mir nicht dabei hilfst."* Und immer wieder gab ihm Gott Kraft von einem Schritt zum anderen und weit darüber hinaus. Ja, es gibt Tage, da hangele ich mich tatsächlich so von einem Augenblick zum nächsten und spüre die „Kraft der zwei Herzen". Er und ich, wir sind stark.

Wenn Bruder Lorenz etwas danebengegangen war, wenn er gescheitert war, dann sagte er: *„Ich werde es niemals richtig machen, wenn du mich allein gehen lässt."* Danach machte er sich keine Gedanken über seine Fehler und Unvollkommenheiten. – Du beneidenswerter Mönch! Ich kann mir meine Fehler nur schwer verzeihen und komme nicht zur Ruhe damit.

Wenn jemand dem Bruder Lorenz etwas erzählte vom Elend in der Welt, von Krächen, Skandalen, gescheiterten Beziehungen und Hässlichkeiten, wie reagierte er dann? Er war nicht sonderlich erstaunt oder aufgebracht. Er wunderte sich vielmehr, dass nicht alles noch viel schlimmer ist angesichts dessen, was im Menschen alles schlummert. Und dann vertraute er das Gehörte und Erlebte Gott an und beschäftigte sich nicht weiter damit!

Er war nicht neidisch, weil ihm nichts fehlte. Er hat sich nicht aufgeregt, weil er in Gott ruhte. Er steckte nicht voller Angriffslust, weil er mit sich und der Welt im Reinen war.

Das ist das geistliche Leben, in dem ich wachsen möchte!

»Eck sinn all dor!«

Schon als kleines Kind habe ich sie geliebt, die Geschichte vom Wettlauf zwischen dem Hasen und dem Igel.
Ganz schön clever und Mut machend.

Der Hase ist überzeugt, dass er der Schnellste im Rennen ist. Natürlich, er mit seinen langen Beinen. Aber der kleine Igel belehrt ihn mit seiner Frau eines Besseren und ruft dem Hasen, dem schon bald die Zunge aus dem Hals hängt, immer wieder vom Ende des Ackers entgegen: »Eck sinn all dor!«

Was mir die wichtigste Kraftquelle im Leben ist, das möchte ich einmal so beschreiben: Da ist ein Gott in dieser Welt, der ruft uns auf allen Wegen, die wir zu gehen haben, von vorn entgegen: »Eck sinn all dor!«

Und wenn etwas dazwischen knallt, das alles auf den Kopf stellt und ich mich kleinlaut frage, wie ich das schaffen soll: »Eck sinn all dor!« Und wenn Probleme auftauchen, die sich wie ein unüberwindbarer Berg vor mir auftürmen: »Eck sinn all dor!«

Ganz egal, wie dicke und düster es kommt, sogar dann, wenn wir an den Gräbern stehen oder wenn unsere letzte Stunde schlägt, wir ins Anderland müssen: »Eck sinn all dor! «

Das ist mein innerer Reichtum, dass ich diesen Gott in der Nähe weiß, der in allem, was kommt, schon längst da ist, der meinem Denken (und meinen Bedenken) eine Ewigkeit voraus ist.

Mit dem werde ich immer gewinnen (wie der Igel mit seiner Frau), auch wenn vieles dagegen spricht.

Ich bin nicht fertig geworden

Vom Münchener Komiker Karl Valentin, diesem Original mit dem trockenen Humor, wird erzählt, er sei einmal gebeten worden, sich am traditionellen Faschingsumzug zu beteiligen. Valentin sagte zu.

Der große Tag war da. Alle hatten sich etwas ganz Besonderes einfallen lassen. Ein Wagen war schöner als der andere. Am Ende des Zuges kam Karl Valentin. Er zog einen klapprigen Leiterwagen hinter sich her. Auf dem Wagen war ein Haufen Gerümpel und in dem Gerümpel steckte ein Schild, auf dem geschrieben stand: *„Ich bin nicht fertig geworden!"*

Wann immer ich dieses Bild vor Augen habe, geht es mir besser. „Ich bin nicht fertig geworden", das könnte die Überschrift über meinem Leben sein. Nicht fertig im Haushalt und im Garten. Nicht fertig mit Besuchen und „Ich-denk-an-dich-Zeichen". Nicht fertig mit dem Knöpfe annähen und Anteilnehmen an den Sorgen anderer.

Ich bin nicht fertig geworden! Eine Freundin sagt: „Wenn du heute nicht fertig geworden bist, schlag einen Pflock ein und mach morgen an der Stelle weiter!"

Diese Gelassenheit wünsche ich mir. Eine ältere Dame strahlte: „Das mit dem Karl Valentin hat mir so gut getan. Ich hab zu Weihnachten die eine Socke verschenkt, die fertig war. Ich war zufrieden, obwohl nicht alle Fenster geputzt und nicht alle Gardinen gewaschen waren. Es war in Ordnung. Ich darf Mensch sein, ich darf locker und fröhlich bleiben, wenn ich hinter meinen Idealen zurückbleibe. Wie schön!"

Wir bewegen etwas, wir setzen uns ein

Die wichtigste Zeit ist immer dieser Augenblick, der wichtigste Mensch ist der, der mir gerade gegenüber steht, das wichtigste Tun ist immer die Liebe

Es war kurz nach Mitternacht. Das Thermometer im Auto zeigte eine Außentemperatur von minus 10 Grad an, die Straßen waren gefährlich glatt. Da war nur noch der Wunsch, möglichst schnell und unversehrt nach Hause zu kommen.

Auf einmal eine Situation wie in einem Film. Ein entgegenkommender PKW wird aus der Kurve getragen, überschlägt sich wie in Zeitlupe und landet auf der angrenzenden Wiese. Der Schreck geht tief, der Kreislauf sackt ab, ich zittere am ganzen Körper. Ich müsste anhalten – und bin doch wie blockiert. Zum Glück hält ein anderer. Mit diesem lausig schlechten Gefühl, nicht geholfen zu haben, fahre ich weiter. O.K., ich hatte einen anstrengenden Tag hinter mir, ich kollabiere womöglich, wenn ich nicht weiß, was ich tun soll. Ich schaff' das sowieso nicht, was jetzt zu tun ist. Aber es ist schlimm, erschreckend schlimm, was ich mir da geleistet habe. Es braucht Tage und viele Gespräche, um diese Nacht aufzuarbeiten!

Viele Fragen kommen hoch: Wo warst du wichtig und hast gekniffen? Wo hatte dich ein Mensch gebraucht und du hast 1000 „gute" Gründe aufgeführt, warum du jetzt nicht kannst, warum du keine Zeit hast und sowieso schon überfordert bist. Oh ja, wenn es um Entschuldigungen geht, können wir so scharfsinnig sein wie ein Mathematik-Professor – und genau vorrechnen, warum es beim besten Willen nicht möglich war.

Sie kennen die Geschichte vom barmherzigen Samariter, der zu einem Wohltäter wird für einen, der brutal zusammengeschlagen am Straßenrand lag.

Sie wissen, dass ein Priester und ein Levit, beides fromme Männer, sehr schlecht dabei wegkommen. Zurecht regen wir uns fürchterlich auf: „Wie kann man nur! Wie kann man nur an der Not eines Menschen vorbeigehen!"

Lassen Sie uns bitte ehrlich sein! Wir sind alle schon einmal vorbeigegangen.

Vielleicht sollte der eine in Jericho vor 300 Leuten einen bedeutenden Vortrag über die Nächstenliebe halten, über den Werteverfall in der Gesellschaft. Vielleicht hatte der andere Angst, dass die Bösewichte, die diesen Mann überfallen hatten, sich noch hinter dem Felsen versteckten und ihm womöglich auch den Schädel einschlagen würden, sein Handy und die Geldkarte klauen könnten. Oder, ganz verständlich: Schwiegermutter feierte ihren 70. Geburtstag, und die würde mit Sicherheit kein Verständnis haben, wenn er zu spät zum Empfang kommt.

Zwei fromme Männer gehen – mit guten Gründen – vorbei. Manchmal, wenn ich unsere Kirchengemeinden betrachte, dann frage ich mich: Sind *wir* eigentlich noch ganz nah dran an den Menschen, an dem, was sie zutiefst suchen? Lassen wir uns erreichen von dem, was einer alles auf dem Herzen hat, von einem stummen Hilfeschrei, von der verborgenen Not, die ihn quält?

Oder sind wir so eingespannt in alle möglichen Aktivitäten, mit unserem bunten und breit gefächerten Veranstaltungsprogramm, mit dem Betrieb, der laufen soll und laufen muss, dass für den einen, der uns braucht, gar keine Kraft und keine Zeit mehr bleibt?

Es ist 2000 Jahre her, dass zwei fromme Männer an der Not eines Menschen vorbeigegangen sind. Aber es ist, als würden sie haargenau die heutige Zeit abbilden. Die Spatzen pfeifen es von den Dächern: Wir sind zu einer „Wegseh-Gesellschaft“ geworden. Wir stehlen uns gerne aus der Verantwortung und fragen mit Unschuldsmiene: „Ist denn dafür kein Amt zuständig? Gibt es für diese Situation keine Fachleute? Sind denn keine Angehörigen da, die sich kümmern könnten?“

Wir bilden Ausschüsse, schaffen einen Wald von Paragraphen und verweisen an Zuständigkeiten. Diskutieren scheint allemal einfacher als das, was notwendig ist, couragiert anzupacken. Abstand halten ist angenehmer als sich einzumischen. Es ist oft leichter, 50 Euro zu spenden als einen Menschen mit seiner Problematik und seinem Jammer nah an sich heranzulassen. Eher mal einen Fleurop-Strauß schicken, als zwei Stunden dazusitzen und zuzuhören, was einer alles mitgemacht hat, wie ihm das Leben übel mitgespielt hat, selbst mit reingezogen zu werden und gefordert zu sein.

Stopp! An dieser Stelle müssen wir aufpassen, dass die Geschichte vom barmherzigen Samariter nicht zum moralischen Zeigefinger wird, dass wir nicht stehenbleiben beim Anprangern von mangelnder Zivilcourage, dass sich diese Geschichte nicht wie ein Nagetier in unser Gewissen frisst und wir meinen, wir seien für alles und jeden zuständig. Ich kenne Menschen mit einem Helfersyndrom, die bestellen fremde Gärten und lassen den eigenen verwildern, die sind permanent überfordert, sich selbst abhanden und vor die Hunde gekommen.

Und gerade in der Kirche gibt es diese Un-Tugend, dass Menschen einander ständig vorhalten, nicht genug getan zu haben. Es gibt diesen unerträglichen, frommen Druck, dass ein Christ 24 Stunden am Tag im Dienst zu sein hat, stets mit einem Erste-Hilfe-Koffer unterwegs.

Lassen Sie uns bitte bei dieser Geschichte vom barmherzigen Samariter, diesem leuchtenden Beispiel für christliche Nächstenliebe, die Vorbild war für das Rote Kreuz, die

Schwestern um Mutter Teresa und die Johanniter ... lassen Sie uns erst einmal fragen, wer sie denn erzählt hat und warum er sie erzählt hat.

Das war nicht der Präsident von Greenpeace, auch nicht der Präsident der Pfadfinder, der die Devise aufstellte: „Jeden Tag eine gute Tat, darauf kommt es an.“

Es war Jesus Christus, der eine, der selbst an keiner Not vorbeigeht. Und wenn du an etwas leidest, wovon keiner weiß und wo dich keiner wirklich versteht, wenn Ängste in dir wühlen, die dich und deine Lebensfreude an manchen Tagen lahm legen, es gibt den einen, der sich um dich sorgt.

In dieser Gesellschaft ist viel Einsamkeit, viel Schein und wenig Sein, es gibt eine Menge zerbrochener Lebensentwürfe und innere Traurigkeit unter uns. Aber es gibt diesen einen Heiland, der dich nicht übersieht, egal, was ist.

Und wenn man dich ausgenutzt und im Stich gelassen hat, wenn man dir im Laufe deines Lebens übel mitgespielt, dir wenig Liebe gegeben hat, der eine sucht dich, um deine Wunden zu heilen.

Sogar wenn gestorben werden muss, wenn es ganz still wird und wir Abschied nehmen müssen von dem Liebsten, was wir in dieser Welt haben, dann ist er da, der Jesus Christus, bei dem Tod nicht Tod bleibt, sondern Tor zum Leben wird. Glaub nicht, dass jeder seinen Weg mutterseelenallein gehen muss in einer eiskalten Welt. Es gibt einen barmherzigen Gott, unter dessen weitem Himmel Platz und Liebe für alle ist.

Ich liebe sie, diese wunderbare Lebensweisheit von Meister Eckhart:

Die wichtigste Zeit ist immer dieser eine Augenblick. Der wichtigste Mensch ist immer der, der mir gerade gegenübersitzt. Das wichtigste Tun ist immer die Liebe.

Jesus Christus hat so gelebt. Weil er angeschlossen war an die Kraftquelle der Ewigkeit, darum hatte er den Menschen etwas zu geben, darum hat er in jedem Moment das Beste aus seiner Zeit gemacht.

Wir sind zum Lieben und Anpacken berufen, das ist es, was Jesus Christus, der große Liebende, der freieste und geborgenste aller Menschen, uns zutraut.

Nicht, dass wir meinen, wir müssten uns ab jetzt um alles um uns herum kümmern. Sie wissen, wer gut-meinend damit anfängt, ist schnell überfordert und wird irgendwann zusammenbrechen. Wir können nicht allen gerecht werden, wir haben Grenzen. Auch der barmherzige Samariter leistet nur Erste Hilfe, sozusagen im Vorübergehen, en passant. Aber wenn wir mit offenen Augen und offenen Herzen durch die Welt gehen, dann bekommen wir einen Blick dafür, wo wir wichtig sind, wo es auf uns ankommt.

Und nichts macht einen Menschen so zufrieden, so stark, so ruhig und versöhnt mit Gott und der Welt, als wenn er weiß: Ich bin jetzt, in diesem Moment, genau an der Stelle, wo Gott mich haben will. Ich tue genau das, was jetzt für mich dran ist. Und dabei habe ich den Himmel auf meiner Seite.

Ich laufe nicht weg vor unangenehmen Arbeiten und Situationen, vor bestimmten Klärungen und Menschen – vor dem, was mir Angst macht. Ich geh drauf zu. Ich gehe nicht den bequemen Weg und schiebe alles, was Mühe macht, was leidvoll ist, immer wieder vor mir her. Ich gehe drauf zu – und wage die kleine Tat, das Nächstliegende, das Menschliche, das Selbstverständliche.

Das ist eine gesegnete Präsenz, wenn wir dieses leben: Die wichtigste Zeit ist immer dieser Augenblick. Der wichtigste Mensch ist immer der, der dir gerade gegenüber steht. Das wichtigste Tun ist immer die Liebe.

Sage mir, wofür du Zeit hast – und ich sage dir, was dir die Dinge bedeuten

Wann immer ich sage: „Ich habe keine Zeit", müsste ich den Satz um der Wahrheit willen fortsetzen:

„Ich habe keine Zeit, um dies und das zu tun, weil mir im Moment etwas anderes wichtiger ist."

Nichts auf dieser Welt ist so gerecht verteilt wie die 24 Stunden am Tag, die jeder von uns zur Verfügung hat. Das, wofür ich Zeit habe, zeigt an, was mir wichtig ist – und vor allem, wer mir wichtig ist.

Wenn eine Freundin mich schon dreimal auf einen Kaffee eingeladen hat, weil sie mir etwas erzählen möchte, und ich habe dreimal abgesagt, dann kann meine Freundin sich ausmalen, wie viel (oder wie wenig) sie mir bedeutet.

Wenn ich schon viele Mal gesagt habe, ich müsste aber unbedingt den Keller saubermachen, aber ich habe einfach keine Zeit, dann sagt das etwas darüber, welchen Platz der Keller in meiner inneren Hitliste belegt.

Wir könnten den großen Satz sagen: „Zeit haben hat etwas mit liebhaben zu tun!"

Wenn mir ein Mensch, eine Sache viel bedeutet, dann werde ich auch Zeit dafür erübrigen, das geht gar nicht anders.

Denken Sie an ältere Menschen. Die warten nicht auf teure Geschenke, auf große Blumensträuße und Einladungen. Sie wünschen sich nicht mehr als dies, dass jemand Zeit für sie hat. Zeit ist im Alter ein so kostbares, weil knapp werdendes Gut. Sie wünschen sich jemand, der ihnen zwei Stunden Zeit schenkt, nicht unruhig auf dem Stuhl herumrutscht und nervös auf die Uhr schaut.

Wenn ich mir möglichst keine Folge von Rosamunde Pilcher oder „Wer wird Millionär" entgehen lasse, ist das ja in Ordnung. Aber natürlich zeigt das auch, wie meine Werte-Skala aussieht. Wenn mir etwas anderes wichtiger wäre, hätte ich 90 Minuten dafür zur Verfügung.

Wie oft sage ich: „Eigentlich möchte ich jede Woche dreimal joggen, aber ich hab einfach keine Zeit! – Eigentlich müsste ich für einen Tag an den Schreibtisch, aber ich krieg es nicht dazwischen!"

Wissen Sie was? Diese vielen „Ich möchte, ich sollte, ich müsste", diese chronische Aufschieberitis, die habe ich längst durchschaut. Wenn es mir wirklich viel bedeutet, warum pack ich es nicht endlich an – oder aber ich höre auf, dem hinterherzujammern.

Wenn ich wirklich joggen oder walken will, warum fange ich dann nicht an, heute noch.

Wenn mir ein Mensch wirklich viel bedeutet, warum besuche ich ihn nicht gleich morgen?

Der kluge Seneca hat gesagt: „Es ist nicht zuwenig Zeit, die wir haben. Es ist zuviel Zeit, die wir nicht nutzen!"

Sage mir, wofür du Zeit hast – und ich sage dir, was dir die Dinge und die Menschen bedeuten!

Die Weisheit der Miederhose

Mit dem Verdrängen ist es wie mit einer Miederhose. Haben Sie das schon einmal beobachtet?

Eine Miederhose funktioniert so: Im eigentlichen Problembereich haben wir alles im Griff. Keiner sieht, dass wir etwas zu verbergen haben. Aber ein paar Zentimeter weiter oben, vor allem dann, wenn wir uns hinsetzen, sucht sich unser Problem seinen Weg und tritt in aller Deutlichkeit hervor. Wo soll es denn auch hin!

So ist das mit allem, was wir im Leben verdrängen und nicht wahrhaben wollen. Sie können jeden Bereich nehmen, der Ihnen einfällt. Alles das, was nicht stimmig ist, was nicht dem Leben gemäß ist, das sucht sich irgendwo seinen Weg – und dann erwischt es uns oft an einer Stelle, wo wir nie damit gerechnet hätten.

Sind Sie auch eine Weltmeisterin im Verdrängen?

Ich verdränge manchmal und rede schön, dass meine Tage viel zu voll sind und etwas ganz Entscheidendes auf der Strecke bleibt. Vor lauter großen Projekten kommen meine „kleinen“ Projekte, kommt das Alltägliche manchmal zu kurz.

Ich verdränge gern, dass mein Körper sich zu Wort meldet, weil ich zu hochtourig fahre.

Ich verdränge manche „Schatten“, die zu mir dazugehören. So, wie Kaiser Wilhelm II. sich immer nur von einer bestimmten Seite fotografieren ließ, weil er einen verkrüppelten Arm hatte.

Was verdrängen wir?

Trag deine Termine mit einem Bleistift ein

Planung muss sein. Natürlich. Damit wir dem Leben Richtung geben können, müssen wir doch wissen, wo wir hin wollen.

Es gibt Familienplanung und Karriereplanung. Mit Akribie planen wir die finanzielle Zukunft, den nächsten Urlaub und die Feier des runden Geburtstages.

Wir tragen unsere Termine in den Kalender ein, oft lange Zeit im voraus: die Konfirmation des Jüngsten, die Silberhochzeit, Omas 80. Geburtstag, den Kreislandfrauentag in einem Jahr, das Vereinsjubiläum.

Planung muss sein. Aber wann immer ich plane, fällt mir der kluge Mann ein, der mir in einem Seminar Folgendes gesagt hat: „Wenn du planst und deine Termine einträgst, nimm einen Bleistift. Vielleicht musst du noch einmal etwas korrigieren. Es kann sein, dass das Leben, dass Gott selbst noch ganz andere Termine für dich vorgesehen hat. Dann fall nicht aus den Wolken. Stell dich früh genug darauf ein, dass sich alles auch ganz anders entwickeln kann, als du es geplant und dir vorgestellt hattest. Gönn dir diese Nüchternheit. Nimm einen Bleistift!“ Und dann schaue ich in meinen Kalender – mit Vorfreude, Tatendrang und Nüchternheit.

Von holländischen Kaufleuten wird erzählt, sie hätten früher unter ihre Verträge den Zusatz „s.c." geschrieben. S.c. steht für „sub conditione Jacobeae", was so viel heißt wie „unter den Bedingungen des Jakobus". Und im Jakobusbrief steht folgender Satz: „Wenn Gott will, werden wir leben und dies und das tun." Ob wir uns diese Nüchternheit gönnen – und gleichzeitig versuchen, aus jedem Tag das Beste zu machen?

Liebe ist ...

„Wenn die Liebe kommt, haben die Hormone Partyhütchen auf."

„Wer verliebt ist, befindet sich in einem Zustand verminderter Zurechnungsfähigkeit".

„Wer verliebt ist, der hat Puccini in den Ohren!"

Ich erlebe das gerade bei uns zu Haus, wie es ist, wenn ein 17-jähriger Junge sich auf einmal regelmäßig duscht, einen Deo-Stift benutzt und ohne Aufforderung sein Zimmer aufräumt.

Die Liebe.

Wir denken an Romeo und Julia, Mutter Teresa, eine stillende Mutter oder Weihnachten.

Wir denken an Albert Schweitzer oder Oma mit ihrem Enkel im Strandkorb.

Wenn von der Liebe gesprochen, gesungen und geschrieben wird, rührt uns das im Innersten an. Und gleichzeitig wissen wir, dass aus keinem anderen Grund in dieser Welt mehr geweint und gelitten wird als um enttäuschter und verlorener Liebe willen.

Ich kann schwärmen, wenn es um die Liebe geht, oh ja. Ich kann romantisch sein, wenn es um Liebe geht, oh ja.

Ich kann aber auch sehr nüchtern sein und dann fällt mir dieser Satz ein: „Liebe ist, so mit dem anderen umgehen, wie du möchtest, dass er mit dir umgeht!" Zuerst denken wir, was hat das mit Liebe zu tun, ist das nicht der kategorische Imperativ von Immanuel Kant?

Ja, aber buchstabieren sie den Satz mal durch. Wenn ich mir wünsche, dass mich jemand anruft – warum nehme ich nicht selbst den Hörer in die Hand?

Wenn ich morgens voller Erwartung zum Briefkasten gehe und hoffe, dass ich da nicht nur Werbung, Rechnungen und Geschäftsbriefe finde, sondern mal etwas Persönliches – schreibe ich denn solche Briefe, die ich selbst gern bekommen würde?

Manchmal wünsche ich mir, dass jemand in mir die Sonne anknipst, Anteil nimmt an dem, was bei mir gerade dran ist. Sorge ich denn dafür, dass es in anderen Menschen hell wird, dass sie sich beachtet und verstanden wissen?

Manchmal wünsche ich mir ein paar Streicheleinheiten, Zeichen von ehrlicher Zuneigung – nicht, weil ich etwas gut gemacht habe, sondern um meiner selbst willen, vielleicht sogar, weil etwas daneben gegangen ist. – Wer wartet womöglich schon seit langem auf ein gutes Wort, auf eine überraschende Geste der Zuneigung?

Manchmal wünsche ich mir, dass mich jemand ganz fest in die Arme nimmt – sind meine Arme geöffnet oder verschränkt?

Wenn ich in mich hineinhorche, in meinen Bedürfnissen und Wünschen die Bedürfnisse des anderen aufspüre, dann werde ich zu einem Menschen, der etwas von Liebe versteht!

Du bist ein Engel

Friedrich von Bodelschwingh, der Pastor von Bethel, erzählt aus seiner Kindheit:

„Als im Herbst das Obst reif an den Bäumen hing, hatte uns der Vater streng verboten, auf die Bäume zu klettern. Wir durften nur von den heruntergefallenen Früchten essen. Aber einmal habe ich das Verbot doch übertreten und war heimlich auf den Baum geklettert. Dabei zerriss mir unglücklicherweise der Hosenboden. Heimlich schlich ich mich mit einem schlechten Gewissen nach Hause. Dabei drehte ich mich immer so geschickt, dass keiner den Schaden entdecken konnte. Und dann versteckte ich die Hose unter den anderen Kleidungsstücken. Später kniete ich am Bett nieder, um mein Abendgebet zu sprechen: „Lieber Gott, ich bin ungehorsam gewesen. Es tut mir schrecklich Leid. Vergib mir doch bitte und mach, dass meine Hose morgen früh wieder heil ist!“
In diesem Augenblick ging meine Mutter an der Tür vorbei, blieb einen Moment stehen und hörte mein Gebet. Dann ging sie lächelnd weiter. Dem Vater sagte sie nichts. Sie wollte eine Handlangerin Gottes sein. Als ich eingeschlafen war, nahm sie die zerrissene Hose und machte sie wieder heil. Dann legte sie die Hose wieder so hin, wie sie unter dem Berg von Kleidern gelegen hatte. Als ich am nächsten Morgen aufwachte, war mein erster Griff der nach der Hose. Was für ein Wunder! Die Hose war wieder in Ordnung. Ich weiß noch wie heute, dass dieses Erlebnis, wo Mutter ein Engel gewesen war, meinen Kinderglauben mächtig gestärkt hat.“

Dieser Kinderglaube, der damit rechnete, dass gute Mächte in dieser Welt am Werke sind, der hat Friedrich von Bodelschwingh geprägt. Im Rückblick sagt er über sich und sein Lebenswerk: „Ich betrachte mich als einen fröhlichen Handlanger Gottes und packe an, wo ich gebraucht werde, wo Gott mir eine Aufgabe oder eine Not vor die Füße legt!“

Wir Menschen können einander zum Engel werden, das ist ein schöner Gedanke. Wann immer wir einem Menschen helfen, dass sich sein Leben entfaltet, dass er mit seiner eigentlichen Größe und Bestimmung in Verbindung kommt, dass seine Angst weicht und sein Mut wächst, werden wir zu einem Engel.

Es gibt Menschen, über die kann tatsächlich gesagt werden: „Wenn sie da sind, dann ist es, als wäre der liebe Gott mit im Raum." Das sind Menschen, in deren Nähe blühst du auf, die tun einfach gut. Sie schieben dunkle Wolken weg. Du kannst alles sagen, was in dir rumort und musst dich deiner Tränen nicht schämen.

Ich habe einen kleinen Bronzeengel auf dem Schreibtisch. Darunter liegt meistens ein Zettel mit vielen Namen. Es gibt lange to-do-Listen für Engel.

Und es sind nicht die schlechtesten Stunden, wenn ich mir von Herzen wünsche, dass wir einander zum fröhlichen Handlanger Gottes, zum Engel werden!

Der eigenen Angst begegnen

Jedesmal, wenn ich von einer schlimmen Krankheit im Bekanntenkreis erfahre, bekomme ich ein mulmiges Gefühl in der Magengegend.

Ich spüre, es geht nicht nur um den anderen. Da wird auch meine Geschichte verhandelt. Ich muss mich wohl oder übel anfreunden mit dem Gedanken, dass Leben auch so sein kann.

Ich werde daran erinnert, dass die Sicherheit, in der ich mich wohnlich eingerichtet habe, sehr anfällig ist. Meine Freundin Ute stellte damals so nüchtern fest: „Es trifft nicht immer nur die anderen, irgendwann bist du selbst dran!"

Jede Müdigkeit, jeder Schmerz, jeder dunkle Leberfleck, alles, was ich an mir beobachte, wird zu einer Bedrohung. Was ist mit mir, mit den Kindern?

Am liebsten möchte ich auf Distanz gehen, den kranken Menschen mit seiner Angst, mit seinen Tränen und seiner Verzweiflung nicht zu nah an mich heranlassen.
Wir wissen doch, wie das unter die Haut geht, wie uns das aus dem inneren Gleichgewicht wirft.

Aber Lebenskunst ist nicht, wenn wir ständig einen flotten Spruch auf den Lippen haben und uns möglichst schnell aus dem Staub machen, sobald das Leben sich von seiner dunklen, schweren Seite zeigt.

Lebenskunst ist, sich den Abgründen des Lebens zu stellen und trotzdem die Hoffnung nicht zu verlieren.

Wenn ich bei einem kranken Menschen sitze, muss ich nicht viel sagen. Ich darf getrost meinen Mund halten. Ich darf mit-weinen.

Vielleicht darf ich ihn in den Arm nehmen und ihm das Gefühl vermitteln: Du bist nicht allein, egal, welche Wege du gehen musst. Vielleicht kann ich etwas vorlesen, glückliche Stunden in Erinnerung rufen, mit ihm beten.

Ich werde spüren, was dran ist.

Und wenn es irgendwann ans Sterben geht, dann will ich mich um diese Stunde nicht herummogeln.

So ist das, wir Menschen sind füreinander immer nur ein Geschenk auf Zeit, auch wenn ich es nicht wahrhaben will, wenn der Gedanke entsetzlich wehtut.

Wenn ich mir das bewusst mache, schaue ich viel tiefer in mich hinein. Auf einmal kommen Gedanken und Gefühle, die ich sonst weit wegschiebe. Wer bin ich denn mit meinen paar Jahren auf diesem kleinen blauen Planeten, wovor habe ich am allermeisten Angst, wie ist das mit der Liebe in meinen Beziehungen?

Ich möchte Auferstehungslieder singen und Worte haben, die bis in die Ewigkeit reichen. Und ich weiß, es wird mich selbst verwandeln. Ich werde in diesen Momenten eine ganz neue Weite und Liebe empfangen. Ich lerne leben, wenn ich vor dem Sterben nicht weglaufe.

»Je ne regrette rien«

Im Radio spielten sie „Je ne regrette rien“ von der legendären Edith Piaf. „Ich bereue nichts!“ Das Lied hat sie berühmt gemacht. Es hat vielen Menschen so sehr aus dem Herzen gesprochen, dass sie es sogar bei ihrer Trauerfeier gespielt haben möchten. „Ich bereue nichts!“

Offen gestanden, ich kann das so nicht sagen. Ich gehöre nicht zu denen, die im Brustton der Überzeugung von sich behaupten können: „Ich hab mir nichts vorzuwerfen!“ Sollte ich nicht bereuen, dass ich manche Stunde mit den Kindern versäumt habe, die sich später nicht wieder nachholen ließ?

Sollte ich nicht bereuen, dass ich in vielen Situationen feige, bequem oder bockig war. Sollte ich nicht bereuen, dass ich manchen Besuch so lange vor mir hergeschoben habe, dass ich die Blumen später nur noch aufs Grab legen konnte? Manche Liebe, manches klärende Wort und manche Hilfe habe ich anderen vorenthalten.

Mich hat das sehr beeindruckt, als Willy Brandt 1970 vor dem Ehrenmal der ermordeten Juden im ehemaligen Warschauer Ghetto niedergekniet ist und stellvertretend für das ganze Volk um Vergebung gebeten hat. Viele hielten das für übertrieben. Ich fand das ausgesprochen mutig und menschlich.

Es gibt vieles zu bereuen in dieser Welt. Wir brauchen einen Ort, wo wir loswerden können, was wir an Last und Versäumnis mit uns herumschleppen. Wenn wir am Sonntagmorgen im Gottesdienst „Herr, erbarme dich“ singen, dann weiß ich immer sehr genau, was damit für mich und diese Welt gemeint ist.

Den Widerständen trotzen

Es gibt Tage, wo mich der Mut verlässt. Es scheint alles so vergeblich zu sein, was ich tue. Ich habe das Gefühl, wie Don Quichotte gegen Windmühlenflügel zu kämpfen. Es gibt herbe Enttäuschungen und Niederlagen.

Dann helfen mir die bekannten Worte, in deren Sinn Mutter Teresa gelebt hat. Sie sind an der Wand in einem Kinderheim in Kalkutta eingraviert:

Die Menschen sind egoistisch, launisch, vergesslich und uneinsichtig. Liebe sie trotzdem.

Was du heute Gutes tust, wird morgen vergessen sein. Tu trotzdem Gutes.

Ehrlichkeit und Offenheit machen dich verwundbar. Sei trotzdem offen und ehrlich.

Was du jahrelang aufgebaut hast, kann über Nacht zerstört werden. Bau es trotzdem auf.

Vielleicht hast du nur noch kurze Zeit zu leben. Lebe trotzdem mit Begeisterung.

Was du anpackst, kann schief gehen und falsch sein. Mach dich trotzdem mit einem Lied auf den Lippen auf den Weg.

Wenn du der Welt dein Bestes gibst, wird sie dennoch oft gegen dich sein. Gib der Welt trotzdem dein Bestes.

Die großzügigsten Menschen können von den engstirnigsten zu Fall gebracht werden. Sei trotzdem großzügig.

Es ist nicht immer leicht. Aber ich möchte mich nicht aufhalten lassen in meiner Liebe zu den Menschen und zum Leben, ich möchte ein mutiges Trotzdem wagen.

Schwester Irene

Beim Fußball würde man von einem „Hattrick“ sprechen. Bei den Geburten unserer Kinder zwei bis vier hatten wir dieselbe Hebamme dabei, unsere verehrte Schwester Irene.

Eine wunderbare Frau. Von Gestalt und Temperament genau so, wie ich mir den Beistand im Kreißsaal immer vorgestellt hatte. Als sie zum ersten Mal vor mir stand, da wusste ich: „Mit dieser Frau an deiner Seite kommst du da durch!"

Am Sonntagnachmittag – als wir auf Marina warteten – setzte sie sich mit ihrem Strickzeug ans Bett und erzählte vom Schaumburger Rock'n Roll Club, in dem sie begeistertes Mitglied war.

Während sie erzählte, verlor manche Wehe ihre Heftigkeit. Wenn sie lachte, erzeugte das den einen oder anderen Mut-Anfall in mir. Ich ließ mich gerne anstecken von ihrer Heiterkeit. Die Stärke und die Leichtigkeit, die sie verkörperte, machten mich stark.

Bei Christophs Geburt, dem berühmten „Hattrick", waren wir uns schon sehr vertraut. Wir schätzten und mochten uns. Da sagte sie einen sehr schönen Satz: „Wissen Sie, was mir an Ihnen gefällt, dass Sie sogar im Kreißsaal zufrieden sind und eine gute Stimmung verbreiten!"

„Na ja", war meine Antwort, „bis jetzt ist es noch ganz gut auszuhalten, das dicke Ende liegt ja noch vor uns." – „Das stimmt, aber manche Frauen sind schon völlig verkrampft und biestig, bevor es richtig losgeht!"

Ach Schwester Irene, wenn Sie wüssten, wie oft ich inzwischen über Ihren Satz nachgedacht habe.

Je älter ich werde, desto mehr verliere ich die Unbekümmertheit der jungen Jahre. Die Frage „Was kommt noch alles auf uns zu?" lähmt mich mehr, als ich das möchte. Ich verkrampfe immer öfter, „... bevor es richtig losgeht!", obwohl noch alles im grünen Bereich ist.

Da ist zeitweise dieses Gefühl, als zerrinne mir alles zwischen den Fingern, ich könne nichts aufhalten, nichts bewahren, alles entgleitet.

Was ist da passiert?

Wie gerne möchte ich die Leichtigkeit von damals zurückholen: Ich möchte schöne Feste feiern, obwohl ich genau weiß, dass danach wieder der Alltag einzieht, obwohl ich weiß, dass viel gelitten werden muss in dieser Welt.

Ich möchte immer wieder auf einen Menschen zugehen, obwohl ich inzwischen einige herbe Enttäuschungen hinter mir habe – und ahne, wie das ist, wenn ein großer Idealist scheu wird, zynisch und verbittert, ein Menschenverächter.

Ich möchte intensiv leben, etwas wagen, die Zeit auskosten, obwohl ich genau weiß, dass meine Jahre auf diesem Planeten äußerst knapp bemessen sind.

Ich möchte jetzt die Stunde mit Freunden genießen, obwohl Herr Kachelmann für den Abend eine Unwetterwarnung herausgeben hat mit einem wütenden Orkan.

Weltveränderung beginnt in meinem Herzen

Sie war etwa 80 Jahre alt und sie erzählte mir eine Geschichte, die mich seitdem nicht mehr losgelassen hat:

„Meinen Mann habe ich im Krieg verloren. Seitdem lebe ich allein und je älter ich werde, desto mehr fällt mir an manchen Abenden die Decke auf den Kopf. Ich kann niemand erzählen, was mich bewegt. Keiner sagt mir das gute Wort, das mir wohl tut. Da ist keiner, der mich streichelt und an dessen Schulter ich mich anlehnen kann. Manchmal ist es zum Verrücktwerden.

Aber eines Abends habe ich etwas beschlossen. Da habe ich mir vorgenommen: Wann immer diese Stimmung wieder über dich kommt, gehst du zum Telefon und rufst jemanden an, von dem du ahnst oder weißt, dass es ihr/ihm so ähnlich geht wie dir.

Und wissen Sie, was passiert ist: Nach solchen Anrufen hat sich meine Stimmung grundlegend verändert und ich habe schon sehr viele Menschen mit dieser kleinen Geste glücklich gemacht."

Weltveränderung, ob im Kleinen oder Großen, fängt damit an, dass wir uns auf den Weg machen. Wenn wir zu Hause auf unserem Sofa sitzen bleiben und darauf warten, dass einer kommt, der sich um uns kümmert – oder dass ein Wunder vom Himmel geschieht –, ich möchte Ihnen nicht alle Illusionen rauben, aber womöglich müssen Sie lange auf Ihrem Sofa sitzen und warten.

Wenn Sie es aber wagen, auf einen anderen zuzugehen, dann können Sie ganz viel in Ihrer kleinen Welt verändern, dann wird womöglich für den einen anderen Menschen durch Sie das Wunder geschehen, für das er gebetet hat.

Es gibt Tage, da bade ich in Selbstmitleid und Dauergrübeln und könnte mitsingen, wenn es heißt: „Keiner ruft mich an, keiner kümmert sich um mich!" Das hat seinen Platz – gerade in Zeiten der Trauer.

Aber bei dieser älteren Frau habe ich etwas gelernt. Spätestens nach 20 Minuten musst du den Stöpsel aus der Badewanne voller Selbstmitleid ziehen und wieder aktiv werden, dich dem Leben stellen.

Meine Situation muss nicht bleiben, wie sie ist. Ich kann etwas verändern. Nein, ich erwarte nicht, dass über Nacht Heinzelmännchen anrücken, die alles in Ordnung bringen, was im Argen liegt. Ich träume nicht ernsthaft davon, dass der Gewinn einer Sofort-Rente mich aller Sorgen enthebt. Ich gehe nicht davon aus, dass ein Wunder geschieht und ich zur Elfe mutiere.

Ich warte nicht, bis etwas geschieht. Ich packe an, was in meinen Möglichkeiten steht. Und das ist viel. Ich finde mich nicht ab, ich setze mich in Bewegung. Weltveränderung, ob im Kleinen oder Großen, fängt damit an, dass wir uns auf den Weg machen.

Es gibt viel zu tun, warten wir es ab!

Was bei uns im ländlichen Raum noch selbstverständlich ist, dass Frauen Kuchen und Salate zubereiten für Dorffeste, dass Männer an Wochenenden auf Spielplätzen und in Dorfgemeinschaftshäusern arbeiten, dass Basare, Sportveranstaltungen, Ernte-, Schützen- und Feuerwehrfeste für ein vielseitiges kulturelles und gemeinschaftsförderndes Angebot sorgen – das gerät allerorten in Gefahr.

Viele Ehrenamtliche, die einmal mit Begeisterung für ihre Sache eingetreten sind, werden müde.

Wenn die Vereinsmitglieder sich rar machen, fragt sich mancher Vorstand: „Wofür soll ich mir die Hacken ablaufen?" Wenn Kritik von außen kommt, wenn Empfindlichkeiten in den eigenen Reihen für atmosphärische Störungen sorgen – und wenn zu alledem noch die Gattin/der Gatte mit einem nicht zu überhörenden Vorwurf in der Stimme sagt: „Bei uns zu Hause bleibt immer alles liegen, für uns hast du kaum noch Zeit, du bist selbst schuld, wenn dir alles über den Kopf wächst", dann setzt auch bei den gutwilligsten und engagiertesten Ehrenamtlichen irgendwann eine gewisse Resignation ein.

Aber was wäre eine Gesellschaft ohne Ehrenamtliche! Das Ehrenamt ist durch nichts zu ersetzen. Die meisten von uns wissen, dass sich in den Vereinen – oft im Anschluss an den offiziellen Teil – Menschen näher kommen, dass sich mancher etwas von der Seele redet, dass vieles ganz am Rande auf den Weg gebracht wird, dass hier so manche Freundschaft geknüpft oder gepflegt wird.

Demokratie lebt davon, dass viele mitdenken und bereit sind, ihren Beitrag zu leisten.

Demokratie leidet darunter, wenn die Politiker allein gelassen werden, während an der Basis das Motto gilt: „Ich muss für mich herausholen, was herauszuholen ist!" – „Dafür sind andere zuständig!"

Wir brauchen ein starkes Netz von Ehrenamtlichen, damit gemeinsames Leben möglich wird, damit an der Basis umgesetzt werden kann, was man allgemein als richtig erkannt hat.

Es gibt in unseren Vereinen viele, die permanent unzufrieden sind und meckern. Warum sagen wir ihnen nicht: „Du hast ja so recht, wann fängst du an, etwas zu verändern? Wir brauchen dich."

Ein Verein ist so lebendig, wie seine Mitglieder bereit sind, sich einzubringen. Wir können so viel bewegen, wenn jeder einen kleinen Part übernimmt.

Auch über die Kirche wird heute viel geschimpft. Manchem möchte ich sagen: „Frag nicht, was ‚die Kirche' dir zu bieten hat. Du bist Kirche, du bist Teilhaber und nicht Kunde. Und alles, was du der Kirche von dir vorenthältst, das wird ihr an Lebendigkeit fehlen"! Weißt du, jemand hat gesagt: Ein Kritiker ist eine Henne, die gackert, während andere Eier legen.

Weil ich es (mir) wert bin

Wenn ich weiß, dass ich wertvoll bin, wunderbar gemacht bin, wie es in Psalm 139 heißt, vielleicht sollte ich dann ab und zu ein Halleluja unter der Dusche singen.

Vielleicht sollte ich mir wenigstens einmal im Monat ein schönes Wannenbad gönnen, mit einem Zusatz aus Milch und Honig, mit einem Glas Sekt und Lachsschnittchen, bei Kerzenschein und meiner Lieblingsmusik. Ein Wohlfühlabend – nur für mich! Ist das Egoismus oder ein großes Lob an den Schöpfer, der mich so wunderbar gemacht hat?

Stell dir vor, du würdest mit dir selbst genauso freundlich umgehen wie mit deiner besten Freundin, würdest dir selbst mal ein Kompliment machen für eine gut gelungene Arbeit.

Stell dir vor, du würdest dir öfter mal ein paar Blumen schenken und dich im Spiegel anlächeln.

Ich soll sein, so ist es im Himmel beschlossen, darum möchte ich gerne auf der Welt sein. Ich möchte nicht mit einem verkniffenen Gesicht herumlaufen, sondern strahlen.

Ich möchte nicht ständig jammern und nörgeln und miesmachen, sondern Zuversicht und Freude verbreiten.

Ich möchte mich nicht mehr vor Bescheidenheit winden (ist das nicht ein verstecktes „fishing for compliments"?), kein Understatement betreiben, nicht durch meine Haltung so etwas wie: „Entschuldigung, dass ich da bin" ausdrücken.

Ich möchte das Potential nutzen, das in mir steckt, mich aufschwingen vom Mauerblümchen zur Rose.

Das Beste ist gerade gut genug!

Wenn ich Wein trinke, dann soll es guter sein.

Wenn ich lache, dann über gute Witze.

Wenn ich fernsehe, dann bitte keinen Schrott!

Und wenn ich mir Respekt von Menschen verdiene, dann bitte von intelligenten, von Wahrheitssuchern.

Ich möchte eine gewisse Vornehmheit pflegen im Umgang mit anderen. Wie heißt es so schön: „Guter Stil ist auch eine Form von Nächstenliebe."

Ich möchte mein Haus und mein Umfeld so gestalten, dass es keine Beleidigung für mein sonstiges Niveau ist.

Ich möchte herausfinden, in welchen Situationen ich am lebendigsten und am wachesten bin – und die will ich mir gönnen.

Und wenn ich arbeite, dann will ich es mit Begeisterung tun, nicht mit halbem Herzen.

Ich bin ein Geschenk für die Welt.

Weil ich es (mir) wert bin, möchte ich meinen ureigensten Lebensraum schön gestalten, mein Feiern, Lachen und Weinen, meine Freundschaften und einsamen Stunden. In meinem Tun und Reden wünsche ich mir einen Hauch von Feierlichkeit, damit zu spüren ist, dass ein großer Schatz in mir lebt.

Aus wenig wird viel

Ein Busfahrer hatte jeden Tag zwischen seinen Fahrten eine Mittagspause von einer halben Stunde. Dabei stand er mit seinem Bus am Stadtrand, an einer öffentlichen Grünfläche, die seit Jahren völlig verwahrlost war und einen schlimmen Anblick bot. Weil er Freude daran hatte und sich gerne an der frischen Luft bewegte, nutzte der Busfahrer jeden Tag seine 30 Minuten, um dem verwaisten Dschungel aus seinem Dornröschenschlaf zu helfen. Sie werden es kaum glauben: Innerhalb eines Jahres war es dem Mann gelungen, ein verkrautetes, wild zugewachsenes Grundstück in eine einladende Parkanlage zu verwandeln.

Eine halbe Stunde täglich. Die Geschichte macht Mut. Das Große ist zu schaffen, wenn man einen langen Atem und gute Rituale für die kleinen Schritte hat.

Von Schriftstellern ist überliefert, dass sie jeden Vormittag an ihrer Schreibmaschine gesessen und diszipliniert gearbeitet haben. Der Erfolg ist ihnen nicht zugeflogen, weil sie in einigen erhabenen Momenten die Muse geküsst hat.

Eine Freundin nimmt sich jeden Morgen von 7.00 bis 9.00 Uhr Zeit für ihren Haushalt. „Power-Working" ist das. Und damit ist sie weitgehend auf dem Laufenden. Kein großer Hausputz, keine vernachlässigten Ecken. Wie ich das bewundere! Eine Bekannte mit einem großen Garten füllt jeden Tag einen 20 Liter-Eimer mit Unkraut!

Mein Vater ist seit vielen Jahren stark gehbehindert und eingeschränkt bei allem, was er tut. Aber er ist den ganzen Tag, so gut es ihm möglich ist, am „pungeln", wie wir das nennen – und leistet damit auf der Dauer sehr viel mehr als ich mit meinen vermeintlichen „Bullenstößen". Ich warte mit meinen Arbeitseinsätzen oft so lange, bis sich Berge von einer ansehnlichen Höhe aufgetürmt haben.

In Situationen, wo meine Berge mal wieder Mont-Blanc-Niveau erreicht haben – die Wäscheberge und die auf dem Schreibtisch, dann kommt ein Seufzer der Resignation: Ich werde es nie schaffen. Es ist zu viel!

Habe ich womöglich nur die falsche Arbeitshaltung?

Manchmal fällt mir dann der Gott ein, von dem gesagt wird, er könne Berge versetzen und ich bete: „Du siehst doch, wie's um mich steht. Kannst du mir bitte ganz schnell eine Kompanie von Engeln schicken oder ein Wunder geschehen lassen?"

Manchmal ahne ich schon die Antwort: „Wenn ich Berge versetzen soll, brauche ich dich mit Schaufel und Schiebkarre, ich brauche deinen Einsatz, damit es gelingt." – Wumms!

Wenn ich dauerhaft abnehmen will, hilft nicht die schnelle Blitzdiät. Wenn ich die Wäsche mit geringem Kraft- und Zeitaufwand pflegen will, nehme ich mir jeden Tag eine Maschine vor.

Wenn wir etwas Großes bewältigen müssen (und dieses Leben ist groß), geht es am besten in vielen kleinen, treuen Schritten.

Das Große tun, solange es klein ist.

Das Schwere tun, solange es leicht ist. So mag es gehen.

Es ist nicht genug zu wissen – man muss auch anwenden

Es nicht genug zu wollen, man muss auch tun. Dieser Satz des Johann Wolfgang von Goethe aus dem Poesiealbum meiner großen Schwester hat mich schon als Achtjährige überzeugt.

Das leuchtete mir ein: Wir müssen das, was wir als richtig und wichtig erkannt haben, auch umsetzen, damit das Leben gelingt.

Ich stelle mir vor, dass die Männer, die an den Theken Lösungen aufzeigen für das, was alles im Argen liegt in dieser Gesellschaft – und dass die Frauen, die beim Kaffeeklatsch genau wissen, wie es laufen müsste in anderen Familien, selbst so leben, wie sie es mit ihren klugen Kommentaren verbreiten.

Ich stelle mir vor, wir würden die Weisheit aus Millionen Büchern auch umsetzen, sie würde uns zum Maßstab, zur Kraft, zur Inspiration. Wär doch schön, wenn wir nicht so viele Wissensriesen und Umsetzungszwerge unter uns hätten, sondern Menschen, die in kleinen Schritten gestalten, worauf es ankommt.

Das ist leichter gesagt als getan.

Ich weiß sehr gut, dass die längste Entfernung, die es auf dieser Welt zu überwinden gilt, der Weg vom Kopf zum Herzen eines Menschen ist, der Weg vom Wissen zum Tun.

Sonntagsreden gibt es genug, aber wo sind die Menschen, die das mit Leben füllen? Wertekommissionen sind wichtig, aber wo sind die Menschen, die im Kleinen, an ihrem Arbeitsplatz, in ihrer Familie, in ihrem Dorf diese Werte umsetzen?

Jeder weiß, dass die meisten Menschen viel zu wenig trinken. Zwei Liter am Tag wären gut, damit unser Stoffwechsel nicht einem stinkenden Tümpel gleicht, sondern einem fließendem Bach mit ständigem Selbstreinigungsprozess. Man sagt sogar: Auch Zellulitis, das große Frauenproblem, wird durch mangelnde Entschlackung begünstigt, heißt es. Na ja.

Ja, wir wissen es – und scheitern trotzdem immer wieder an der Umsetzung unserer Erkenntnisse.

Wer eine Sache tut, ist erfolgreicher als einer, der tausend richtige Sachen weiß. Sein Leben ist überzeugender. Wie heißt es so schön: „Es gibt nichts Gutes, außer man tut es."

Was ich klugschnacke, stimmt noch lange nicht mit dem überein, was ich lebe.

Zu Mark Twain kam jemand mit dem Einwand: „Ich verstehe so vieles in der Bibel nicht!" Darauf sagte Mark Twain: „Ich habe eher Probleme mit dem, was ich verstehe!" Das fordert nämlich Konsequenzen, das will Hand und Fuß bekommen.

Was mich an den Landfrauen begeistert: Sie versuchen das, was sie als richtig erkannt haben, auch umzusetzen. Sie fragen nach der Gestaltung, nach kleinen Schritten, nach Alltagskompetenz. Das imponiert mir, das ist überzeugender, als wenn immer nur geredet wird – unter dem Motto: „Es tagt und tagt und wird nicht heller!“ Pack endlich an, was zu tun ist!

Das Spiel wird im Kopf entschieden

Spätestens seit Boris Becker wissen wir, wie wichtig die mentale Verfassung eines Menschen ist. Es hängt viel von unserer inneren Einstellung ab.

Wir haben alle so einen kleinen Mann im Ohr, der ständig seine Kommentare abgibt. Die Welt ist so, wie wir sie sehen.

Wenn ich zu einem Vortrag fahre und denke: „So ein Mist, dass du da jetzt hinmusst. Was hättest du zu Haus heute alles beschicken können!“ dann wird das wahrscheinlich ein trister, langweiliger Tag. Wenn ich aber denke: „Toll, dass ich da hin darf. Ich freue mich schon jetzt auf die wunderbaren Frauen, auf ihre Geschichten“, dann sind die Voraussetzungen günstig, dass es schön wird, dass etwas rüberkommt.

Wenn ich an die Tischtennisplatte trete mit der Einstellung: „Ich weiß es, das geht schief“, dann hab ich allerbeste Chancen, zu verlieren. Der Körper reagiert mit Angst, mit Blockiert-sein. Sag ich aber: „Na, das wollen wir doch mal sehen. Das packe ich heute, ich wette drauf“, dann produziere ich Hormone, die gewinnen helfen.

Stellen Sie sich mal vor, Sie gehen zu einem Fest mit der Einstellung: „Na, wollen wir mal schauen, was die uns zu bieten haben“, und dann sitzen Sie den ganzen Abend griesgrämg, stocksteif, mit verschränkten Armen auf Ihrem Stuhl und wirken wie eine Schlaftablette. Was meinen Sie, wie das Fest wird?

Wenn Sie aber mit der Haltung gehen: „Ich freue mich darauf. Ich will dazu beitragen, dass dieses Fest gelingt. Ich nehme gute Laune mit, Lust auf Begegnungen“, dann steht das Fest unter einem guten Vorzeichen. Über solche Mitbringsel freut sich jeder Gastgeber.

Ich kann darauf warten, dass meine Wünsche sich erfüllen, ich kann warten, dass Menschen kommen, die mir zu meinem Glück verhelfen.

Ich kann aber auch anfangen, meine Situation selbst zu gestalten, selbst etwas für mein Glück und mein Zufriedensein zu tun.

Es liegt ganz viel an unserer Einstellung, wie die Tage verlaufen, wie die Beziehungen zu anderen Menschen aussehen, wie wir unsere Arbeit erledigen, wie wir mit Ärger, Niederlagen und Herausforderungen umgehen.

In diesem Moment

Es war am 11. September 2001. Wir saßen in Dresden, in einem Café neben der Frauenkirche, als auf einmal per Handy die Nachricht kam, was in New York Schreckliches geschehen war.

Eben noch waren wir guter Laune gewesen, saßen beim Cappuccino, waren beeindruckt vom Aufbau der Frauenkirche als Zeichen des Friedens und dann das.

Gleichzeitig geschieht auf diesem Globus Schönes und Schlimmes.

Ein Paar liebt sich und erlebt gerade die schönste Verschmelzung, die zwischen zwei Menschen möglich ist, ein Stück Himmel auf Erden – und in der gleichen Stunde bricht bei einem anderen Paar ein Abgrund von Hässlichkeit auf, sie tun sich weh und wissen, dass die Liebe am Ende ist.

Du bist im Urlaub. Die Sonne scheint. Das Meer ist blau, alles ist so leicht und schön, und zu Hause, in deiner Familie, liegt einer krank und kämpft.

Du feierst mit netten Leuten, bist beschwingt und freust dich des Lebens – und zur gleichen Stunde beschließt ein junger Mensch, der dir sehr nahe steht, dass er nicht mehr leben will.

In diesem Augenblick wird hier geboren und da gestorben, feiern die einen ihre Erfolge und zerbrechen die anderen an ihren Niederlagen. In diesem Moment zeigt die Welt sich von ihrer schönsten Seite, mit frischem Grün im Mai und gleichzeitig wird geschossen, gefoltert und vergewaltigt.

Der Gedanke bewegt mich. Was mag jetzt, in diesem Moment, alles ablaufen, während ich hier sitze und schreibe.

Was geschieht jetzt – in diesem Moment – mit den Menschen, denen ich verbunden bin, und mit den Milliarden, die ich nicht kenne. Ich werde unruhig!

Es ist gut, dass ich nicht alles weiß. Wahrscheinlich würde ich sonst verrückt werden.

Aber es ist gut, dass ich etwas anderes weiß:

In jedem Moment, egal, wie mühsam und verworren sich das Leben gerade zeigt, egal, ob du dich um einen Menschen sorgst oder von einem verabschieden musst, egal, wie die Welt sich entwickelt, welche Abgründe sich auftun – es ist gleichzeitig etwas gültig, das der Welt ein für allemal ein anderes Gesicht gegeben hat.

Am Kreuz von Golgatha hat Jesus Christus gesagt: „Es ist vollbracht." Am Ostermorgen hat das Leben über den Tod gesiegt. Das gilt in jedem Moment, jetzt, egal, wie sich die Welt gerade zeigt.

Von guten Mächten wunderbar geborgen

Trostlos?

Wenn ein kleines Kind mit seinem Dreirad hingefallen ist, oder ihm der Freund von nebenan den Turm aus Legosteinen umwirft, dann läuft das Kind in der Regel zu seiner Mutter und möchte getröstet werden. Einmal pusten, einmal in die Arme nehmen, ein paar aufmunternde Worte und schon ist die Welt wieder in Ordnung.

Wie schön. Wenn es doch immer so einfach wäre.

Wo gehen wir denn hin, wenn wir Trost brauchen?

Was macht die Schülerin in der siebten Klasse Orientierungsstufe, die sich nichts sehnlicher wünscht als eine Empfehlung fürs Gymnasium; aber die letzten Arbeiten, die hat sie verhauen. Wohin kann ich mich verkriechen, wenn ich beim Tischtennis das entscheidende Spiel verloren habe, in dem es um den Abstieg ging? Wer baut mich wieder auf, wenn ich mit mir selbst und der Welt nicht im Reinen bin, wenn meine Seele weint?

Und wenn es ganz schlimm kommt: Wo können sie hin, die Menschen, bei denen etwas dazwischengeknallt ist, das ihnen den Boden unter den Füßen wegzieht?

Ab und zu, wenn wir die Nachrichten des Tages hören, möchten wir mit einem alten Adventslied rufen, vielleicht sogar schreien: „Wo bleibst du, Trost der ganzen Welt?“

Jede von uns kann ihre Geschichten von Trostlosigkeiten erzählen. Und es ist nicht immer das, das andere bei uns sehen und von uns wissen, woran wir leiden. Manches tragen wir für uns ganz allein.

Was wir dann brauchen, ist, dass wir wieder ins Gleichgewicht kommen und Zukunft sehen, dass uns einer daran erinnert, wie wertvoll wir sind, dass uns Kräfte zuwachsen für das, was vor uns liegt.

Bloß keine leeren Floskeln und Phrasen! Bloß keine leeren Sprüche und Trostpflästerchen unter dem Motto:
„Komm, alter Junge, das wird schon wieder."
„Da müssen wir alle mal durch."
„Ich hab das auch alles schon mal mitgemacht."
„Wer weiß, wozu es gut ist."

Das ist lächerlich, wenn Menschen, die oberflächlich sind und keine Ahnung haben, andere trösten wollen.

Wie schön, wenn wir ein paar Menschen haben, die uns das Gefühl geben: „Du bist nicht allein mit dem, was du gerade durchmachst. Ich bin bei dir! – Ich kann zwar nicht ändern, was du jetzt als dein Päckchen zu tragen hast, aber ich möchte ein Stück deines Weges mit dir gehen. Vielleicht werde ich nicht immer die richtigen Worte finden, werde unbeholfen sein, aber wenn du willst, möchte ich mich mit meiner Hilflosigkeit zu dir setzen, mit dir schweigen und weinen, dir zuhören und deine Hand halten. Dein Leid ist auch ein Teil von mir!"

Es wäre schön, wenn wir ein paar Menschen haben, die uns treu besuchen, die für uns beten und sich einfühlen, die uns nichts vormachen und denen wir auch nichts vormachen müssen.

Wir brauchen Menschen, die uns das gute Wort sagen, wenn wir sprachlos geworden sind, die vorsichtig bei uns anklopfen, wenn wir uns zurückgezogen haben, die uns aushalten mit unseren Stimmungen und Vorwürfen.

Wir brauchen Menschen, mit denen wir offen reden können, auch wenn es schwer fällt. Es ist unendlich wichtig, zu reden, damit wir an unserem Kummer nicht ertrinken, damit wir nicht alles in uns hineinfressen.

Die Gewissheit, dass ich nicht alleine bin, kann wohltun und trösten. Aber da ist noch etwas anderes:

Der Apostel Paulus schreibt in seinem Brief an die Korinther, in dem so genannten „Tränenbrief“, von einer leidvollen Phase in seinem Leben. Eine geballte Ladung Traurigkeit hatte ihn erwischt. Er war kein Überflieger. „Don't worry, be happy“, das war nicht sein Ding. Paulus war oft verzweifelt und hat seine Durststrecken nicht heroisch voller Gottvertrauen ertragen, ohne mit der Wimper zu zucken. Es gab Tage, da wollte und konnte er nicht mehr weiter. Er war ein angefochtener Mann.

Und die Korinther, die stänkerten über ihn, nannten ihn einen Jammerlappen, ein Weichei. Seine ewigen Moll-Töne, seine Mickrigkeit nahmen sie zum Anlass für heftige Kritik.

„Verbreite doch nicht ständig diese schwermütige Stimmung. Andauernd redest du von der Zerbrechlichkeit des Lebens. Mensch, Paulus, sprich doch mal davon, zu welchen Höhen sich ein Mensch aufschwingen kann, sprich von der Leichtigkeit des Seins, von Begeisterung, Erfolg und Attraktivität. Wir brauchen jemand, der uns mitreißen kann, der uns anturnt und motiviert, der uns Zukunftsperspektiven eröffnet und nicht so einen Trauerkloß wie dich.“

Paulus bleibt dabei: „Ich kenne nur den Gott, der in den Schwachen mächtig ist. Ihr lieben Korinther, ich habe die Brüchigkeit des Lebens am eigenen Leib erfahren. Ich kenne sie zur Genüge, die dunklen Stunden, die einen Menschen runterziehen und kaputtmachen, die langen Wege der Trauer und die zaghaften Neuanfänge. An manchen Tagen weiß ich nicht mehr aus noch ein. Ich bin da durchgekommen, nicht, weil ich so stark war, sondern weil ich den Gott des Trostes erlebt habe, wie einen Rettungsring, wie eine gute Medizin, wie einen Engel. Da kam kein Paukenschlag vom Himmel und alles war gut. Aber er hat mir immer weitergeholfen, von einem Schritt zum nächsten. Das ist die Kraft, aus der ich lebe. Mehr habe ich nicht.“

Es gibt unzählige Lebensgeschichten, die das so ähnlich beschreiben wie Paulus.

Sie ist eine Frau, die mit 30 Jahren ihren Mann verloren hat und mit zwei kleinen Kindern und einem großen Bauernhof dastand. Und sie sagt: „Ich habe sie gespürt, diese Kraft, die von einem Tag zum anderen hilft, diese Kraft, die dich nach vorne sehen lässt, obwohl du ständig der Vergangenheit nachtrauern möchtest und dich fragst, wofür es noch lohnt!“

Ich kenne auch Situationen, wo ich nicht weiß, wie ich da durchkommen soll. Da hilft kein positives Denken, da hilft kein neues Fümmelchen. Dann bestürme ich Gott so lange, bis etwas passiert, bis die Kraft kommt, einen Schritt nach dem anderen zu gehen, einen Tag nach dem anderen anzupacken.

Das ist ein Wunder. Es gibt einen Trost, der trägt. Er ist unspektakulär, er geschieht im Verborgenen, aber er ist da! Wissen Sie, warum Jesus Christus für mich glaubwürdig ist? Weil er geweint hat wie ich, weil er sich verlassen gefühlt hat wie ich. Ich glaube ihm, weil er geschrieen hat: „Mein Gott, warum hast du mich verlassen.“

Und weil er so weit unten war, weil er auf Augenhöhe war mit mir, darum kann ich ihm auch seine anderen Worte glauben, die großen, erhabenen, dass nach jedem Karfreitag ein Osterfest aufzieht, auch nach den Karfreitagen meines Leben und den Karfreitagen dieser Welt.
Ich glaub ihm das, dass er mich nie allein lässt.

Wo dieser Trost ist, da wird nicht vergeblich gelitten und geweint und gekämpft, auch, wenn er sich manchmal entsetzlich viel Zeit lässt, so, wie wir nach dem Winter unerträglich lange auf den Frühling warten müssen.

In der englischen Sprache heißt Trost „comfort“. Diese Entdeckung war wie ein Aha-Erlebnis. Das ist ein komfortables Leben, das ist höchste Lebensqualität, wenn ein Mensch etwas von einem Trost weiß, der trägt.

Ich finde, wir sollten diesen Trost reichlich weitergeben.

Midlife crisis

Es gibt eine Müdigkeit, die ist anders als die, wenn uns nach einem Tag harter Arbeit die Knochen wehtun und wir gleich nach der Tagesschau im Sessel einschlafen. Es gibt eine Müdigkeit, die nimmt dem Menschen den Lebenszunder.

Du bist antriebslos und ausgebrannt. Du hast keine Ideen, Du hast keine Lust auf Menschen, bist nicht mehr kreativ. Du bist lebens-müde.

Elia, der Prophet, hat erstaunliche Erfolge verbucht, hat viel erreicht. Ihn konnte so leicht nichts erschüttern. Und dann erwischt ihn das, was wir heute Burnout nennen. Er bricht zusammen, legt sich unter einen Wacholderbusch und sagt: „Ich kann nicht mehr. Ich will nicht mehr. Das Leben hat mich mürbe gemacht!“

Es gibt Wacholderstunden für starke Männer. Wenn die Arbeit, die ihr Stolz, ihr Halt und ihre Bestätigung ist, auf einmal nicht mehr gelingt – oder nicht mehr sicher ist.

Das sind Wacholderstunden, wenn du nicht mehr so kannst, wie du möchtest. Wenn du mitten im Leben stehst und musst dich von Vater und Mutter verabschieden und bekommst wie beim Staffellauf jetzt selbst den Stab in die Hand gedrückt. Und in der Familie hat sich manches anders entwickelt, als du es damals so gut vorhattest.

Elia schläft lebensmüde unter seinem Wacholderbusch ein. Und dann? Gott schickt ihm einen Engel, der Brot und Wasser hinstellt. Ein Energieschub vom Himmel.

Wacholderstunden kennen wir alle. Hoffentlich auch die Erfahrung, dass einer kommt, der uns wieder ins Leben lockt.

So nüchtern und gleichzeitig so wahr

Es war im Jahre 1991. Im Irak-Krieg gab es seitens der Amerikaner ein Ultimatum, das die ganze Welt in Atem hielt. In allen Nachrichten war davon die Rede, dass die Welt nach jenem Tag X nicht mehr so aussehen könnte wie vorher. Der Einsatz von alles vernichtenden Waffen war im Gespräch. Es stand viel auf dem Spiel. Jeder wusste das.

Ulrike, damals 11 Jahre alt, hatte in ihren Wandkalender für den Tag des ablaufenden Ultimatums mit einem roten Filzstift eingetragen: „Gibt es Krieg?" Da hatte sich eine bedrohliche Angst in einer Kinderseele eingenistet.

Ich war sehr ratlos und habe eine geistliche Freundin angerufen, in solchen Tagen braucht man Menschen mit Tiefgang. „Christa, was machen wir jetzt, wie leben wir mit diesem Gespenst des Schreckens im Kopf und im Herzen? Was sagen wir unseren Kindern, was hilft uns jetzt weiter?"

Christa sagte einen Satz, den ich nie wieder vergessen habe: „Wir tun das, was wir immer tun: Beten und unseren Lebenskampf kämpfen – mehr haben wir nicht!"

Mehr haben wir nicht? Ich habe selten etwas so Nüchternes gehört.

Neulich, als du bei mir im Wohnzimmer gesessen hast und von der schlimmen Krankheit erzähltest, die eure Welt durcheinander gewirbelt hat, wie du dich durch Tage und Nächte weinst, da fiel mir dieser nüchterne Satz wieder ein: „Wir können nur beten und unseren Lebenskampf kämpfen." Wir wissen nicht, wie es ausgeht. Wir können immer nur einen Schritt nach dem anderen gehen, einen Tag nach dem anderen anpacken – im Vertrauen darauf, dass Gott uns da durch trägt.

Das ist so nüchtern. Und wer meint, er habe mehr, größere Versprechungen, bessere Aussichten, mehr Sicherheit, mehr Trost, der macht sich etwas vor.

Und dann haben wir zusammen gebetet und haben uns versprochen, dass wir uns helfen und ermutigen wollen von einem Tag zum anderen und dass wir nicht aufhören wollen, auf kleine und große Wunder zu hoffen. Wir ahnten wohl beide, dass wir in jener Stunde ganz nah dran waren an der

Wahrheit, weitaus mehr, als wenn wir alles schön geredet und uns gegenseitig etwas vorgemacht hätten.
Ich weiß inzwischen, dass ich zu keiner Zeit mehr Sicherheit habe als diese: „Wir tun das, was wir immer tun: Beten und uns dem Leben stellen, mit allem, was es uns gerade vor die Füße legt!"

Und heute füge ich den berühmten Satz Martin Luthers hinzu: „Wenn ich wüsste, dass morgen die Welt unterginge, würde ich heute noch ein Apfelbäumchen pflanzen!"

Die kalte Dusche

Natürlich weiß ich, was uns der gute Pfarrer Sebastian Kneipp (1821–1897) aus Wörishofen rät. Natürlich weiß ich, dass der Wechsel zwischen warm und kalt eine höchst wirksame Stärkung unserer Abwehrkräfte ist. Die Reizbehandlung härtet ab, regt den Kreislauf an, fördert die Duchblutung.

Und dann stehe ich am Morgen oder nach dem Sport unter der Dusche. Ich genieße das angenehm warme Wasser auf der Haut. Das entspannt, das weckt die Lebensgeister, das tut Körper und Seele gut. Am liebsten würde ich zum Schluss immer noch ein bisschen wärmer stellen.

Wie war das mit dem Pfarrer Kneipp?

Irgendwann kommt der spannende Augenblick, wo ich eine wichtige Entscheidung treffen muss: Gehe ich jetzt freiwillig auf kalt, bringe damit meinen niedrigen Blutdruck auf Trab, gewinne die Mutprobe mit mir selbst, kann juchzen, wenn das kalte Wasser erst die Beine, dann den Kopf berührt – oder wähle ich den bequemen Weg und bleibe ein Warmduscher?

Das Duschen ist für mich zu einem Sinnbild geworden. Ich gehe sehr gerne den leichten, bequemen Weg. Konflikt beladenen Gesprächen, in denen es um Klärungen geht, die meinem Harmoniestreben zuwider sind, weiche ich gerne aus. Unangenehme Aufgaben schiebe ich liebend gerne vor mir her. Vor manchen Terminen habe ich so große Angst, dass ich mich gern verkrümeln würde. Es gibt Wege, vor denen ich mich drücken und leidvolle Situationen, denen ich ausweichen möchte.

Ich weiß aber, dass diese Lebenseinstellung verweichlicht. So kannst du mit der Wirklichkeit des Lebens nicht fertig werden. Damit wirst du nicht fit für die Wechselfälle und Herausforderungen, die wohl oder übel dazugehören.

Ich möchte das unter der Dusche einüben, dass ich mich dem Wechsel zwischen kalt und warm stelle, dem Wechsel von leicht und schwer, schön und schrecklich, Hoffnung und Zweifel, Liebe und Leid, angenehm und unangenehm, dass ich mutig zugehen mag auf die Wirklichkeit, die so ist, wie sie nun einmal ist.

Unter uns: Ich mag keine Warmduscher, Menschen, die blauäugig davon ausgehen, als müsse Leben immer angenehm und einfach sein. Und hoffentlich sind unsere Kinder ausreichend vorbereitet auf die Herausforderungen der Zukunft. Ich möchte ein Mensch sein, der realistisch ist und mutig zugeht auf das, was ihm vor die Füße gelegt wird, fit für die Wechselbäder, die nun einmal dazu gehören.

Erstaunlich, was einem beim Duschen für Gedanken kommen, jeden Morgen.

Geh drauf zu

Sie ist eine wunderbare Frau, die Landfrau aus Börry, von der ich so viel gelernt habe.

Als kleines Mädchen hatte sie große Angst vor Gewittern – wie die meisten von uns. Und als sie das ihrem Vater in einer stillen Stunde anvertraute, da hat er gesagt: „Ja, Angst gehört zum Leben dazu, das ist normal. Aber – wenn das wirklich mal bei uns einschlagen sollte, dann hast du keine Zeit zum Angst haben. Dann musst du ganz schnell in den Stall laufen und die Kühe losbinden. Versprichst du mir das?"

Mich hat selten etwas so tief berührt wie diese Geschichte, die eine Frau für ein ganzes Leben geprägt hat. Sie sagt: „Ich habe seitdem immer mutig in der vordersten Reihe gekämpft. Ich hab mich nie verkrochen und ängstlich wie das Kaninchen auf die bedrohliche Schlange gestarrt. Ich hab angepackt, was zu tun war!"

Das Leben ist nicht immer glatt, einfach und bequem. Es gibt keine Garantiescheine dafür, dass alles gut geht und gelingt.

Clint Eastwood hat gesagt: „Wenn du eine Garantie willst, kauf dir einen Toaster!"

Es gibt Störfälle. „Erstens kommt es anders – und zweitens als man denkt." Es gibt auch sehr persönliche „Super-GAU's". Wir haben alle unsere Geschichten.

Du kannst die Umstände nicht immer beeinflussen, höchstens deine Einstellung dazu.

Wenn du vor etwas Angst hast, geh einfach drauf zu!

Wenn du dich immer wieder drückst vor einem klärenden Gespräch, wag dich endlich daran.

Die Darmspiegelung, vor der du kein gutes Gefühl hast, geh drauf zu, hol dir einen Termin, damit du Klarheit bekommst.

Was du immer wieder vor dir herschiebst, pack es endlich an, damit dein Kopf wieder frei wird.

Und wenn du morgens mit deiner Arbeit beginnst, mach zuerst das Unangenehme, das andere erledigt sich von selbst.

Vielleicht wirst du die Erfahrung machen, dass mancher, der wie ein großer Riese vor dir steht und dir Angst macht, im Grunde genommen nur ein kleiner Zwerg ist, der einen langen Schatten wirft.

Wenn du dich deinem Leben mit seinen Herausforderungen stellst, fühlst du dich besser als jemand, der sich ständig vor lauter Angst verkriecht.

Dietrich Bonhoeffer, vor dem manches Dunkle und Belastende gelegen hat, der hat gesagt: *„Gott wird dir in jeder Notlage so viel Widerstandskraft geben, wie du brauchst, aber er gibt sie dir nicht im voraus, damit wir uns nicht auf uns selbst, sondern auf ihn verlassen. In solchem Glauben müsste alle Angst vor der Zukunft überwunden sein."*

Ein offenes Gesicht

Es war auf einer Jugendfreizeit in den Vogesen. Wir schrieben das Jahr 1973. Mein damaliger Freund und jetziger Mann kam ganz begeistert von einem Tagestrip aus Colmar zurück und schwärmte. Nein, nicht vom Grünewald'schen Isenheimer Altar oder von den wunderschönen Fachwerkhäusern. Er hatte in einem Restaurant eine Frau mit einem „offenen Gesicht" gesehen, so nannte er das.

Ein Gesicht voller Transparenz, Echtheit und Zartheit. Ein Gesicht zum Verlieben.

Natürlich wollte ich wissen, was er damit meinte, wollte auf die Suche gehen nach einem „offenen Gesicht" bei mir selbst, wenn er das so liebte.

Ich kenne Frauen, die tragen ihr Herz auf der Zunge. Sie wägen nicht jedes Wort ab, sie fragen nicht, wie sie bei anderen ankommen. Nein, sie erzählen in erfrischender Ehrlichkeit, was sie denken und fühlen, was sie an Menschen mögen und nicht mögen, was ihnen gelungen und daneben gegangen ist, wo sie ihre Begabungen und ihre wunden Stellen haben. Ja, das macht einen Menschen schön, wenn er authentisch ist, wenn seine Innenseite und das, was er nach außen zeigt, übereinstimmen. Du kannst es im Gesicht ablesen.

Ich bewundere solche Offenheit und weiß, dass ich an der Stelle Mühe habe. Ich verstecke manchmal mein Herz, möchte das „richtige" Bild abgeben und zensiere vorher, was ich sage und zeige.

Dann machst du viele gescheite Worte, sagst aber nicht, was du wirklich denkst und worunter du leidest, was du magst und was dich auf die Palme bringt. Du bist so glatt und kontrolliert, dass niemand an dein Innerstes herankommt.

Dann machst du Witze und flotte Sprüche, und versteckst deine Wunden und deine Wut, dein Scheitern und die Brüche in der eigenen oder in der Familien-Biographie. Du willst strahlen, ein gutes Bild von dir vermitteln und verlierst doch immer mehr an Lebendigkeit und Ausstrahlung.

Jeder weiß es, es ist sehr anstrengend, wenn man nach außen etwas anderes zeigen möchte, als man im Innersten ist.

Wir wollen positiv auf andere wirken durch das, was wir von uns darstellen, tragen eine Menge „Make up" auf – und sind doch viel attraktiver und liebenswerter, wenn wir uns ungeschminkt zeigen.

Von einem lieben Freund habe ich gelernt, wie sympathisch und anziehend ein Mensch ist, der nichts verkleistert und versteckt, der zu seinen Fehlern und zu seinem Scheitern steht. Einer, der sich verletzlich und transparent zeigt, ist wie eine Einladung: Bei mir darfst du dich auch zeigen, wie du bist!

Die Frau mit dem offenen Gesicht, die meinen Mann so begeistert hat, fragt mich: Wie steht es mit meiner Echtheit, mit der Übereinstimmung von innen und außen.

Mit dem Koffer auf der Kellertreppe

In meiner Erinnerung waren die Gewitter, die ich als Kind erlebt habe, sehr viel heftiger als die von heute. Und dann saßen wir – es war oft in der Nacht – mit der ganzen Familie voller Ehrfucht auf der Kellertreppe. Keiner durfte im Bett bleiben und weiterschlafen, wir durften nicht essen, fernsehen, baden, spielen oder lachen. Alles war tabu.

Oma hatte dann ein kleines Köfferchen auf dem Schoß. Das Gewitterköfferchen. Da war alles drin, was für den Fall der Fälle, der hoffentlich nie eintraf, wichtig war: das Sparbuch, die Versicherungspolicen, das Stammbuch der Familie, die Bibel, einige wichtige Dokumente und die zwei oder drei Schmuckstücke, die sie besaß.

Heute verhalten wir uns anders bei Gewittern. „Die Wahrscheinlichkeit, im Lotto einen Sechser zu gewinnen, ist erheblich höher, als die, einmal vom Blitz getroffen zu werden", pflegt mein Mann mir zu sagen. Seitdem wir wissen, was da passiert, wenn unterschiedliche Luftmassen aufeinanderprallen und wie Blitzableiter funktionieren, haben die Gewitter bei uns aufgeklärten Menschen von ihrem Schrecken verloren.

Trotzdem: Manchmal frage ich mich, was ich in ein Köfferchen für den Fall der Fälle einpacken würde.

Und weiter: Was ist mein Halt, wenn sich manches als haltlos erweist? Wovon lebe ich, wenn ich reduziert werde? Augustinus (354–430) hat einen klugen Satz gesagt: „Wer Glück will, muss erwerben, was ihm kein Schicksalsschlag entreißen kann."

Alles hatten sie trainiert, nur das Verlieren nicht

Ich kenne Kinder, die beim „Mensch-ärgere-dich-nicht" wütend alle Steinchen vom Tisch fegen und den ganzen Abend knatschig und ungenießbar sind, wenn sie verloren haben.

Ich kenne Tischtennisspielerinnen, die in Tränen ausbrechen und äußerst unschöne Kommentare abgeben, wenn sie eine Niederlage einstecken mussten.

Kann ich verlieren? – Es ist eine schwere Lektion, ich weiß!

Aber vielleicht helfen uns Niederlagen mehr als Siege, um innerlich zu reifen. Wer nicht verlieren kann, hat viel mehr verloren als ein Spiel. Er hat keine Leichtigkeit und keinen Humor.

Und das habe ich schon oft erfahren: Je mehr Angst ich vor einer Niederlage habe, desto mehr werde ich verkrampfen. Wer nichts zu verlieren hat, wer innerlich frei und locker ist, der kann befreit aufspielen. Im Sport – und anderswo.

Als Jan Ullrich bei der Tour de France 2003 auf den gestürzten Lance Armstrong gewartet hat, ist er zwar nicht als Sieger der Tour durchs Ziel gefahren, aber er hatte die Sympathie der Menschen gewonnen.

Diese Sympathie ist manchmal mehr wert als ein Sieg, wenn wir fair kämpfen, mitten im Wettkampf miteinander lachen und hinterher feiern. Das sind die schönsten Momente, wenn ich versucht habe, das Beste zu geben – und hinterher (ob als Gewinnerin oder Loser) meiner Gegnerin die Hand reiche, ihr ein paar nette Worte sage oder sie in die Arme nehme.

Niederlagen trainieren – der Sport ist ein gutes Trainingsfeld für die Niederlagen, die uns das Leben zumutet.

Aufstehen für Muhammad Ali

Zu unserer Familie gehörte eine Großtante, die in vielerlei Hinsicht ein Unikum war. Sie hatte es in ihrem Leben nicht leicht gehabt, später war sie dann auch nicht so leicht zu nehmen. Wie das so ist. Sicherlich kennen Sie das aus Ihrer Familie auch.

In den sechziger Jahren hatte sie als eine der ersten in der Nachbarschaft ein Fernsehgerät. Und mit besonderer Leidenschaft schaute sie sich Boxkämpfe an.

Worüber sich die „vernünftigen“ Leute in der Nachbarschaft, die ja allesamt sehr pflichtbewusst und arbeitsam waren und morgens früh aus den Betten mussten, mokierten, das war: Die Tante stand sogar mitten in der Nacht auf, um sich zum Beispiel die Weltmeisterschaftskämpfe im Boxen mit Muhammad Ali aus Amerika anzuschauen.

Die Amerikaner waren unserer Zeit voraus – zumindest was die Weltzeituhr betrifft. Während bei uns die meisten Leute selig schlummernd in ihren Betten lagen, war auf der anderen Seite des Globus schon etwas geschehen.

Was wir erst am nächsten Morgen in den Nachrichten erfuhren, das war schon etliche Stunden vorher passiert und, man höre und staune, unsere alte Tante hatte das alles live miterlebt.

Manchmal denke ich darüber nach: Stell dir mal vor, wir hinken hier auf unserem kleinen Planeten, im Schaumburger Land oder sonstwo, der Zeit hinterher. Es ist längst etwas geschehen, was wir nicht mal zu träumen wagen, von dessen Wirklichkeit wir uns erst viel später überzeugen können.

Stell dir das vor!

Da heißt es an einer Stelle in der Offenbarung des Johannes (21,4):

Und Gott wird abwischen alle Tränen von ihren Augen,
und der Tod wird nicht mehr sein,
noch Leid noch Geschrei noch Schmerz wird mehr sein;
denn das Erste ist vergangen . . .
siehe, ich mache alles neu.

Stell dir das vor, bei uns ist das noch nicht angekommen – wir stecken immer noch in der Mühe und Mühle dieser Welt, aber es ist schon passiert.

Wir sollten uns ab und zu von dem erzählen, was bei Gott schon längst Realität ist, auch wenn es gemäß der großen Weltzeituhr noch ein bisschen dauern wird, bis wir es spüren – und nicht nur glauben.

Wenn ich das richtig sehe, dann sind Christen so ähnlich wie die alte Tante in unserer Familie: Während die anderen noch schlafen, stehen sie auf und gucken, was am anderen Ufer der Welt passiert. Und sie gehen in den Tag und sagen:

„Ich weiß mehr als das, was du Wirklichkeit nennst."

Die schwierigste aller Wurfdisziplinen

Ein vergilbter Zeitungsausschnitt erinnert mich an eine sehr schöne Zeit. Damals, als Teenager, hatte ich das große Glück, mit dem DLV-Bundestrainer der Zehnkämpfer, Franz Külkens aus Obernkirchen, trainieren zu dürfen. Das war eine Zeit voller Träume und jugendlicher Begeisterung. Manchmal trafen wir Kleinen aus der Kreisjugend die ganz Großen, auch mal den Weltrekordler Kurt Bendlin.

Das Diskuswerfen war mein Ding, obwohl es eine recht schwierige Wurfdisziplin ist. Neben dem nötigen Krafttraining war es wichtig, immer wieder die Bewegungsabläufe einzustudieren, bis man sie wie im Schlaf beherrscht hat.

Mittlerweile bin ich 50 und weiß: Es gibt eine Wurfdisziplin, die ist noch viel schwieriger als Diskuswerfen. Im Psalm 55 steht:

„Wirf dein Anliegen auf den Herrn, der wird dich versorgen."

Martin Luther sagt dazu: *„Ach, wer dieses Werfen wohl lernen könnte, der würde erfahren, wie befreites Leben aussieht, wer aber nicht lernt solches Werfen, der muss bleiben ein verworfener, unterworfener und umgeworfener Mensch!"*

Ach ja, solches Werfen ist sehr schwer zu lernen – dagegen ist Diskuswerfen ein Kinderspiel. Aber es lohnt sich, denn es gibt wenig, was eine Frau so schnell altern lässt und so unattraktiv macht wie das Sorgen. Und die Statistik belegt: 90 % aller Sorgen, die wir uns machen, sind nicht berechtigt. Also, schaff dir dein „Sanssouci", dein „Ohne-Sorgen-Land"!

Wenn nichts mehr geht

Kennen Sie auch solche Stunden und Tage, wo Sie sich am liebsten unter der Bettdecke verkriechen möchten – oder stehe ich damit ganz allein da?

Hundert Sachen stehen auf meiner To-do-Liste, ich habe genaue Vorstellungen von dem, wie es laufen soll – und was ist? Ich will alles und komme zu nichts! Ich hab keinen Mumm in den Knochen, der Kopf ist leer, die schönsten Motivationssätze greifen nicht und auch nicht die Erinnerung an Erfolge.

Das sind Alptraum-Tage. Ich frage mich, wozu ich überhaupt auf der Welt bin. Alles möchte ich hinschmeißen. Ich sehe nur das Negative und Unerledigte.

„Völlig normal, das sind depressive Verstimmungen in den Wechseljahren!" – Aber was zieht mich da mit solcher Kraft nach unten, was legt mich an Ketten und lässt meinen Lustfaktor unter Null sinken?

Wenn ich solche Tage habe, dann hilft nur noch eins. Es ist das alte Lied, das für eine Power-Frau wie mich normalerweise viel zu rührselig klingt – aber jetzt brauche ich es: „Ich mag allein nicht gehen, nicht einen Schritt, wo du wirst gehn und stehen, da nimm mich mit." Und dann gehe ich mit diesem Lied einen Schritt nach dem anderen, erst einen Handgriff und dann noch einen und noch einen, Step by Step, einen Punkt auf der langen Liste nach dem anderen. Und ich mache die ertaunliche Erfahrung: Es geht!

So geht es bei mir an Tagen, wenn nichts geht!

Miteinander auf dem Weg

Haben Sie schon gehört ?

Haben Sie schon gehört, was in unserer Gemeinde los ist? Haben Sie schon gehört?

Haben Sie schon gehört, was der sich geleistet hat und dass sie ein Techtelmechtel mit einem jungen Mann hat?

Haben Sie schon gehört, dass er trinkt und was da zu Hause los ist?

Woher kommt diese seltsame Lust des Menschen, Delikates weiterzuerzählen, süffisanten Anekdoten zu lauschen? Woher kommt diese seltsame Lust am Lästern, wunde Punkte aufzudecken und breitzutreten, wenn etwas danebengegangen ist?

Sie kennen jene berühmt-berüchtigten Geschichten von Klatsch und Tratsch, die beim Einkaufen, in Kaffeeklatschrunden, an den Theken weitererzählt werden, wovon auch die gesamte Regenbogenpresse voll ist.

Lassen Sie uns ehrlich sein: Wir sind gerne im Bilde darüber, was um uns herum geschieht. Vor allem sind wir gerne im Bilde darüber, was hinter den Gardinen geschieht.

Und zu dem, was andere tun, wie andere ihr Leben gestalten, fällt uns auch sofort eine Menge ein. Wir beurteilen, wir kommentieren, wir kritisieren. Manchmal verhalten wir uns wie der Prokrustes aus der griechischen Sage. Von dem wird erzählt, dass er die Menschen passend machte für sein Bett. Die einen wurden gekürzt, die anderen wurden langgezogen. Was nicht in unser Weltbild, in unser Raster, passt, das kritisieren wir, darüber regen wir uns mehr oder weniger heftig auf, das schneidet schlecht bei uns ab.

Dabei haben wir, wenn wir ehrlich sind, oft von Tuten und Blasen keine Ahnung von den Hintergründen, warum ein Mensch sich so verhält, wie er sich verhält, wie er zu dem geworden ist, was er jetzt ist.

Die Indianer haben eine schönes Sprichwort: „Urteile nicht eher über einen Menschen, bevor du nicht einen Tag lang in seinen Mokassins gegangen bist."

Ach ja, was weiß ich schon von deinen Tränen, von deinen inneren Kämpfen, von deinen Geschichten aus 1001 Nacht? Was weiß ich schon von deinen großen und kleinen Tragödien, von deinen Zwängen und Idealen, von dem, was dich wunderlich gemacht hat und einengt.

„Der Mensch sieht, was vor Augen ist!", hieß es in der Jahreslosung von 2003. Wir sehen immer nur die Außenseite des Menschen. Woher kommt bloß diese Lust zum Mäkeln, diese Lust zum Besserwissen?

Von einem Seelsorger habe ich Folgendes gelernt:
„Schau dir einen Würfel an, so einen kleinen Spielwürfel, dann weißt du, worunter der Mensch leidet, was ihn nicht zur Ruhe kommen lässt: Der Mensch kann immer nur von eins bis sechs würfeln. Aber das Vollkommene wäre die sieben.

Er spürt genau, dass ihm immer etwas fehlt, dass es nie genug ist, dass er ständig an Grenzen stößt. Und das nagt an ihm. Jeder Mensch hat Bereiche, da läuft es prima, da gelingt ihm Erstaunliches, da bringt er es zu einer wahren Meisterschaft. Und er hat andere Bereiche, wo es in ihm weint, wo er vor Scherbenhaufen steht, wo Beziehungen nicht gelungen sind, wo er mit Brüchigkeit und Fragment nicht klar kommt."

Jedes Mal, wenn ich die Schwächen eines anderen aufdecke und durch den Kakao ziehe, fällt es mir leichter, mit meiner eigenen Schwäche, mit meiner eigenen Unvollkommenheit, mit meinen Fehlern klarzukommen. Jedes Mal, wenn ich einen anderen klein mache, werde ich selbst ein Stückchen größer. Und je weniger ein Mensch mit sich selbst im Reinen ist, desto mehr mäkelt er an anderen herum. Wer immer kritisiert und schlecht macht, ein chronischer Nörgelpott ist, der ist im Grunde genommen ein ganz armes Würstchen. Weil er sich selbst so mickrig fühlt, muss er die anderen noch mickriger machen. Das tut dem verletzten Ego gut.

Der Apostel Paulus schreibt: *„Was richtest du deinen Bruder? Oder du, was verachtest du deinen Bruder? Wir werden alle vor den Richterstuhl Gottes gestellt!“*

Paulus war ein Mann, der sich nie gescheut hat, zu streiten, ordentlich zu streiten! Das Ringen um Wahrheit und Klärungen war ihm wichtig. Und wenn mir Ehepaare oder Menschen, die eng miteinander befreundet sind, stolz verkünden: „Wir haben uns noch nie gestritten“, dann finde ich das nicht sonderlich überzeugend. Für mein Empfinden klingt das ganz verdächtig nach Friedhofsruhe, nach Vor-Sich Hindümpeln, nach Duckmäusern. Streit zeugt von Lebendigkeit, von Vorwärtskommen.

Wissen Sie, wie unser Kirchenvorstand von einigen Gemeindegliedern genannt wird: „Der Club der Kopfnicker!“

Das ist alles andere als ein Kompliment. Wir nicken immer alles ab, was von oben kommt. Wir gehen möglichst jedem Streit aus dem Wege, wir mühen uns nicht um Klärungen. Wir kehren alles unter den großen Teppich der Liebe – weil wir ja so „christlich“ sein wollen.

Paulus war von einem ganz anderen Schlag. Der hat die Dinge beim Namen genannt, der konnte Tacheles reden, der hat es auch mal krachen lassen. Da war nicht viel mit Friede, Freude, Eierkuchen. Wo Menschen zusammen kommen, da ist es um des Lebens willen wichtig, dass um Klärungen gerungen wird.

Und wenn mir einer pausbäckig sagt: „Kirche habe ich längst abgehakt“, dann will ich ihn fragen, wo er denn bleibt mit dem Seelenballast dieser Gesellschaft, den krankhaften Ängsten, die jedes dritte Schulkind befallen, dem sexuellen Missbrauch von Kindern, der Verschuldung von über zwei Millionen Haushalten.

Es muss gestritten werden – und damals, als Paulus seinen Brief an die Gemeinde in Rom geschrieben hat, da gab es viel zu klären. Rom war die damalige Welthauptstadt. Was meinen Sie, was da los war? Und die Frage hieß: Wie lebt man als Christ in einem solchen heidnischen Umfeld?

„Leute", sagt Paulus, „es muss gestritten und vieles geklärt werden, aber seid vorsichtig mit euren Urteilen. Sprecht den Menschen nicht ihren Glauben und ihren guten Willen ab. Spielt euch nicht zum Richter auf, brecht nicht den Stab über einen anderen. Wie es sich wirklich verhält, das wird sich erst dann zeigen, wenn vor Gott einmal alles Leben beleuchtet wird. Bis dahin haltet euch zurück, seid vorsichtig mit eurem Richten."

Einige von Ihnen erinnern sich bestimmt an die Stelle aus dem „Hauptmann von Köpenick" von Carl Zuckmayer, wo dem Schuster Wilhelm Voigt von seinem Gewissen eingeflüstert wird: „Und denn, denn stehste vor Jott, dem Vater, der allens jeweckt hat, und der fragt dir in's Jesichte: Willem Voigt, watt haste jemacht mit dein' Leben. Und dann muss ick sagen: Fußmatte ... Fußmatte muss ick sagen, die hab ich geflochten in' Gefängnis und da sind se alle drauf rumjetrampelt. Ne, so knickrig will ick mal nicht vor meinem Schöpfer stehen. Ick wer noch watt machen mit mein' Leben!"

Watt haste jemacht mit dein' Leben?

Paulus sagt: Irgendwann steht der Mensch vor Gott, vor dem sich alle Knie beugen müssen. Dann wird sich zeigen, wie viel ich geliebt und verstanden habe, wie viel ich aufgetakelt und versäumt habe, wie viel ich gelitten und gerungen habe, was ich aufgebaut und kaputtgemacht habe, was ich Gutes vorhatte und nicht geschafft habe. Mag sein, dass es vielmehr auf die Liebe ankommt, die ich hatte oder nicht hatte, als auf meine Leistungen, meine vorweisbaren Ergebnisse.

Wenn ich vor Gott stehe, vielleicht werde ich dann sagen: „Du weißt doch, wie es war! Ich konnte immer nur von eins bis sechs würfeln auf dem Würfel meiner Möglichkeiten. Damit vollendet wird, was ich nicht vollenden konnte, brauche ich dich. Damit die Grenzen aufgebrochen werden, die mich hier einengen, brauche ich dich. Ich brauche deine

Gnade, damit über meinem Leben steht: Es war gut, es hat sich gelohnt, es hatte Sinn, es hat sein Ziel nicht verfehlt. Du bringst ins Lot, was bei mir krumm und verbogen und ungenügend war. Du bist der, der sich freut, wenn Menschen sich Mühe geben, und der sich viel Mühe macht mit denen, die gescheitert sind.

Wenn wir vor Gott stehen, dann werden wir wissen, warum der Mensch, über den wir uns oft aufgeregt haben, nicht anders konnte. Dann werden wir wissen, was die alte „Ziege", die uns das Leben manches Mal schwer gemacht hat, an Chaos und Liebesdefiziten in ihrem Herzen hatte. Wir werden erfahren, welches Geheimnis hinter der Scheidung steckte, über die wir uns den Mund zerrissen haben. Wir werden Antworten bekommen auf das, was wir hier nicht zuordnen konnten, über das wir so leichtfertig und lieblos unsere Sprüche geklopft haben.

Paulus schreibt: *„Darum lasst uns nicht mehr einer den anderen richten; sondern richtet darauf euren Sinn, dass niemand seinem Bruder einen Anstoß oder Ärgernis bereite."*

Auch der störrische Nachbar, auch die junge Frau in ihrem Wohnmobil an der Autobahnauffahrt sind geliebte Kinder Gottes. Es ist noch nicht raus, wer mehr Menschen glücklich gemacht hat, wer Gott näher war, wer mehr verstanden und geliebt hat, sie oder ich.

Was mich vor einer Abendmahlsfeier sehr angerührt hat: Da kam einer auf mich zu, der mir vorher sehr weh getan hatte – und hat um Verzeihung gebeten. „Wir können doch nicht zum Altar gehen, wenn etwas zwischen uns steht!"

Es ist das Besondere eines Christenmenschen, dass er die Menschen brutto akzeptieren, vielleicht sogar lieben kann, mit allem, was zu ihnen gehört. Die christliche Nächstenliebe schließt auch die ein, die man eigentlich überhaupt nicht mag.

Auf jeden Fall können wir keinen mehr verachten. Wer seinen eigenen Mangel kennt und bewahrt wissen möchte, der wird mit dem Mangel des anderen möglichst behutsam umgehen.

Wer selbst verstanden werden möchte, der wird hoffentlich auch versuchen, andere zu verstehen. Wir können alle nur die eins bis sechs auf dem Würfel unserer Möglichkeiten würfeln.

Wir brauchen Gott, damit unser Mangel aufgefüllt wird, damit unser Leben rund und heil wird. Sören Kierkegaard hat gesagt: *„Gottes zu bedürfen ist des Menschen höchste Vollkommenheit!"*

Zähl erst mal bis zehn

Ich habe eine ganz liebe Freundin, die ich wegen ihrer offenen Art und Spontaneität sehr schätze. Sie trägt, wie man so schön sagt, ihr Herz auf der Zunge. Und Sie wissen bestimmt aus Ihrem Bekanntenkreis, wie erfrischend ein Mensch ist, aus dem Worte und Gefühle ohne Zensur heraussprudeln. In seiner Nähe ist es nie langweilig, da ist Lebendigkeit, Überraschungen liegen in der Luft!

Es kommt aber auch vor, dass diese Freundin manches im Überschwang zu schnell hinausgeballert hat, dass die Pferde mit ihr durchgegangen sind. Und im Nachhinein, bei reiflichem Überlegen, tut ihr manche Äußerung Leid. Das war unbedacht. Sie hat ausgesprochen, worüber sie lieber geschwiegen hätte. Sie hat jemanden verletzt – und hat deshalb schlaflose Nächte und unruhige Tage mit einem schlechten Gewissen, mit schlimmen Selbstvorwürfen und Klärungsbedarf.

Ihr Mann, ein sehr ruhiger, besonnener Zeitgenosse, sagt hin und wieder: „Zähl doch erst mal bis zehn, bevor du etwas sagst!" – Gönn dir erst einmal einen kleinen Moment des Innehaltens und Nachdenkens.

Worte haben eine nicht zu unterschätzende Macht. Mark Twain hat gesagt: „Von einem guten Kompliment kann ich zwei Wochen lang leben." Und umgekehrt gilt: Wenn uns jemand mit Worten verletzt hat, hinterlässt das Wunden, die nur schwer wieder heilen.

Was gesagt ist, das ist gesagt. Selbst, wenn ich drei Glas Wein zu viel getrunken hatte, selbst wenn ich mich nur einen kleinen Moment lang nicht unter Kontrolle hatte. Was gesagt ist, ist gesagt. Wie heißt es doch: „Wes des Herz voll, des geht der Mund über!" Haben meine schnellen Worte verraten, was in meinem Herzen – ganz zuunterst – schlummert und gar nicht so ist, wie ich es normalerweise herauslasse?

Gesagt ist gesagt! Das gilt auch für Gerüchte. Eine Geschichte bringt mich immer neu zum Nachdenken:

Da war einmal ein Mann, der hat hinter ihrem Rücken über eine junge Frau gelästert und Vermutungen in Umlauf gebracht. Nach einer Weile kriegt er mit, dass seine Vermutungen nicht der Wahrheit entsprachen. Er geht zu ihr hin und bittet um Entschuldigung. Die junge Frau sagt: „Okay, ich nehme deine Entschuldigung an. Aber nur unter einer Bedingung." Und dann gibt sie ihm ein Federkissen und eine Schere und sagt: „Schneid das Kissen auf und verstreue die Federn. Und wenn du das getan hast, dann versuche die Federn wieder einzusammeln". – „Wie soll das gehen?", fragt der Mann, „der Wind wird sie längst in alle Winde verteilt haben."

So ist es, wenn wir Gerüchte in die Welt setzen, negativ über einen Menschen sprechen, ihn mit unbedachten Worten verletzen. Wir können das nicht wieder rückgängig machen. Gesagt ist gesagt!

Ich hab mir vorgenommen, erst einmal bis zehn zu zählen, bevor ich etwas sage oder ein Gebet dazwischen zu schalten.

Ich weiß, welche Macht unsere Worte haben.

Was Hans über Liese sagt, sagt mehr über Hans als über Liese

Der Satz hat es in sich! Haben Sie schon mal darauf geachtet: Wie wir über andere Menschen reden, das sagt mehr über uns als über den anderen. Wir zeigen dabei sehr viel von uns selbst.

Wenn ich andere schlecht mache, ist das immer ein Zeichen dafür, dass ich mit mir selbst nicht im Reinen bin. Weil es um mein Selbstwertgefühl nicht besonders gut bestellt ist, brauche ich einen, der noch ein bisschen doofer ist als ich, um das mal so direkt auszudrücken. Dann fühle ich mich gut.

Wenn ich über andere lästere, mache ich den anderen klein, um selbst in einem besseren Licht dazustehen. „Seht euch den an, dann wisst ihr, was ihr an mir habt!"

So sagen wir das nicht. Aber das steckt dahinter.

Es ist unerträglich, wenn einer hat, was ich nicht habe, wenn einer kann, was mir nicht gelingt, wenn einer Freunde hat, die ich auch gerne hätte. Dabei werde ich an meinen Mangel erinnert und das tut weh.

Und dann krame ich in den Macken des anderen, um mein eigenes Ego ein bisschen aufzupolieren. Das ist ein ganz einfacher Mechanismus. Gerade unter Frauen gibt es eine Menge Stutenbissigkeit. Erzählen Sie mal Gaby etwas Positives über Christine. Was meinen Sie, was Gaby alles einfällt, um das gute Bild, das Sie von Christine gemalt haben, anzukratzen.

Ich weiß, wir brauchen von Zeit zu Zeit ein Ventil für unsere Nickeligkeiten. Wir brauchen ein paar Leute, mit denen wir ins Unreine sprechen können, wo wir rauslassen dürfen, was wir sonst unter Verschluss halten. Ich weiß.

Und es kann höchst aufschlussreich sein, wenn einer redselig ist und Geheimnisse ausplaudert und lästert. Ja. Aber Sie können sicher sein: Wer mit Ihnen über andere redet, der redet mit anderen auch über Sie. Das nächste Mal stehen Sie womöglich im Mittelpunkt der Erzählungen.

Ich hatte einmal nach einer Veranstaltung in der Nähe von Hamburg ein ganz spannendes Erlebnis auf dem stillen Örtchen. Keiner wusste, dass ich da saß – und dann kam eine Gruppe von sechs Frauen in den Vorraum, und die unterhielten sich in aller Offenheit über den Nachmittag, über den Vortrag, den ich gehalten hatte und über mich.

Das sind Momente! Wenn wir wüssten, was über uns alles geredet wird!

Und da hab ich mir auf jenem stillen Örtchen eines geschworen: Ich möchte nur noch so über andere sprechen, dass sie es mithören können. – Ich habe schon so oft erlebt, wie das verletzt, wenn einer hinter dem Rücken anders über mich redet als mit mir direkt. Das zerstört jedes Vertrauen. Das kann sogar die beste Freundschaft kaputt machen.

Ich möchte darauf achten, wie und was ich über andere spreche. Ich möchte ein Mensch sein, dem man sich anvertrauen kann, bei dem Geheimnisse gut aufgehoben sind.

Der Ton macht die Musik

Bei einem Rhetorikkurs habe ich etwas gelernt, das mein Weltbild gewaltig auf den Kopf gestellt hat:

Wenn wir reden, dann wirken wir zu 32 % durch unser Äußeres (Haare, Haltung, Kleidung ...), zu 53 % durch unsere Stimme und nur zu 15 % durch das, was wir sagen.

Offen gestanden: Das hat mich irritiert und als Lutheranerin, die zur „Kirche des Wortes“ gehört, hat es mich sogar geärgert! Ich bin nach wie vor äußerst skeptisch, ob das stimmt. Da frage ich mich doch: Warum sollst du stundenlang am Schreibtisch sitzen und nach Worten suchen. Geh lieber zum Friseur, leg dir ein ansprechendes Outfit zu und kauf dir ein neues Kostüm, wenn das Äußere mehr wirkt als der Inhalt!

Es kommt gar nicht zuerst auf das an, was wir sagen, sondern wie wir es sagen?

Dieser Satz ist bekannt: Der Ton macht die Musik.

Du hörst in der Stimme eines Menschen ganz viel. Da schwingt ständig etwas mit, seine innerste Stimmung schwingt mit. Haben Sie das schon einmal beobachtet bei sich selbst und bei anderen?

Meine Kinder behaupten, sie könnten sich zu „Wetten dass" anmelden mit folgender Wette: „Ich erkenne bei 20 Leuten aus unserem Bekanntenkreis, mit wem meine Mutter gerade telefoniert. Nicht an dem, was sie sagt, sondern an dem, wie sie es sagt, am Klang ihrer Stimme!"

Bei wem bin ich in welcher Stimmung – eine spannende Frage!

Bei manchen bin ich kurz angebunden, sachlich, cool, bei anderen überschlage ich mich vor Freundlichkeit und Begeisterung. Es gibt viele Nuancen. Am Tonfall entscheidet sich etwas darüber, wie unsere Beziehungen zu anderen Menschen aussehen, wie das ankommt, was wir sagen.

Wenn mich jemand anruft, der etwas sehr Sympathisches und Begeisterndes in der Stimme hat, dann lasse ich mich eher einladen, als wenn einer unfreundlich losbollert.

Der Ton macht die Musik. Mir fallen viele Beispiele ein. Das Kind sollte um 24.00 Uhr zu Hause sein. Es wird halb eins, es wird eins. Ich werde immer unruhiger. Ich stehe auf, nehme das Telefon mit ans Bett. Ich wecke meinen Mann. „Was meinst du?" Es wird zwei ... Und dann höre ich die Haustür zuschlagen. Ich laufe zur Tür und mein tiefstes Gefühl heißt: „Gott sei Dank, wie schön, dass du da bist. Ich habe mir große Sorgen um dich gemacht! Hättest du doch nur kurz angerufen, du hättest so lange bleiben können, wie du wolltest!"

Und wie reagiere ich letztendlich? In mir kocht es über: „Nie kann man sich auf dich verlassen, immer kommst du zu spät ...!" Ich bin die liebende Mutter und lasse die hysterische Alte raushängen!

Ich habe die Erfahrung gemacht, wann immer ich das sage, was mein Herz empfindet, dann bin ich echt und überzeugend, dann werde ich gehört, dann spreche ich andere an, dann gelingen Beziehungen, dann berühre ich Menschen!

Sag den Menschen ein gutes Wort

Er hat es sich zu einer Gewohnheit gemacht, jeden Tag einem Menschen eine Karte zu schicken. Ein gutes Wort für einen, der es gut gebrauchen kann. Das dauert fünf Minuten und kostet gar nicht viel. Aber es verändert die Welt.

Wenn die Atmosphäre zu Hause gereizt ist, sag das Wort, das für Entspannung sorgt, das verschlossene Türen wieder aufstößt.

Wenn ein Mensch ins Gerede gekommen ist, wodurch auch immer, sag ihm ein Wort, das ihm Mut einflößt und ihm das Gefühl gibt, nicht mutterseelenallein dazustehen.

Wenn ein Mensch gerade schwierige Zeiten durchstehen muss, die ihn überfordern, begleite ihn mit deinen guten Worten, gib ihm das Gefühl, dass er getragen ist durch Zeichen von Freundschaft.

Und wenn Ihr zusammensitzt und wieder mal die ganze Palette der niederschmetternden Nachrichten aus der nächsten Umgebung und weiten Welt durchgeht, sag doch mitten hinein etwas Positives, dass es auch eine Lust zu leben und zu lieben ist, dass es viel Schönes zu bestaunen gibt. – Eine Kaffeeklatschrunde hatte dazu eine nachahmenswerte Idee. Man hatte beschlossen: „Wir sprechen nur bis zum Kaffee über Krankheiten und Krisen.“ Wer später noch einmal davon anfängt, muss einen Euro ins Sparschwein stecken, dass man eigens zu dem Zweck angeschafft hatte.

Sag den Menschen ein gutes Wort. Hilf dem anderen, dass sein Leben sich entfaltet. Kritisier nicht so viel. Gib ihm einen Vorschuss an Vertrauen. Und sei großzügig mit Lob. Wir brauchen alle ein paar Menschen, die wie die Sonne auf uns wirken, und nicht wie ein Feldwebel.

Das Telefon klingelte. Es meldete sich eine Frau, die ich sehr schätze wegen ihrer Klugheit und Kompetenz, von der ich sagen würde, sie ist der Mount Everest, wenn ich der Brocken bin. Sie sagte mir, dass sie das Manuskript von einem meiner Vorträge gelesen hat und mir dazu gratuliert. Es sei sehr wertvoll für die Frauen, die ich erreichen möchte.

Diese fünf Minuten am Telefon haben mich sehr beflügelt. Seitdem weiß ich, was ein einziges Lob, eine einzige Anerkennung einem unsicheren Menschen bedeuten kann.
Ich schaff das nicht immer mit der täglich geschriebenen Karte. Aber ab und zu setze ich mich hin und schreibe, möchte einem anderen das Gefühl geben: „Du bist mir wichtig, ich hab an dich gedacht!"

„Benedicere", das lateinische Wort für segnen, heißt wörtlich übersetzt: „Das gute Wort sagen."

Ja, das möchte ich, das gute Wort sagen, segnen, aufmerksam sein, wie es um den anderen steht.

Stellen Sie sich vor, wir würden es uns zur Gewohnheit machen, ein gutes Wort zu sagen, wann immer wir können, dann wäre das eine Klimaveränderung vom allerfeinsten.

Sylter Geschichten

Ein Tag in Kampen. Am Strand spazieren gehen, von einem stillen Platz in den Dünen den Wolken zuschauen und – natürlich, für meinen Mann gehört das überall dazu, Häuser anschauen. Friesenhäuser inmitten unzähliger Rosen, geborgen unter dem mächtigen, tief heruntergezogenen Reetdach, sind etwas Besonderes. Die Liebe zum Detail, die Liebe zum Schönen tut gut in einer Zeit, wo am Bau alles ganz schnell gehen muss und vor allem das Geld fehlt.

Und dann stehen wir vor dem „Gogärtchen", dem bekannten Promi-Treff vis-a-vis von „Jil Sander", „Cartier" und „Escada". Das „Gogärtchen", seit vielen Jahren das

Szenelokal der Stars und Sternchen, der wirklichen und der Möchtegern-Reichen.

Von der ehemaligen Wirtin wird erzählt, sie habe Herz und Mund auf dem rechten Fleck gehabt. An der Theke hat sie Manager getröstet, deren Geschäfte gescheitert waren. Sie hat den „Damen von Welt" zugehört, die sich ihren Frust von der Seele reden mussten, deren Ehe am Ende war.

Sie hat sich Zeit genommen für die bekannten und unbekannten Gäste, die sich mal ausweinen mussten, weil's hinter den Kulissen völlig anders aussah als in der Öffentlichkeit. – Wie das so ist, Wirte sind gefragte Beichtväter und Seelsorger!

Sie hatte für alle ein offenes Ohr, einen wohlbedachten Zuspruch, einen liebevollen Rat.

In den Wintermonaten war es einsam auf Sylt. Weihnachten, wenn alle in ihren Familien waren, dann war sie allein. Es war leer in ihrem Haus. Melancholie hat sich breit gemacht. Weihnachten 1968 konnte und wollte sie nicht mehr. Man hat sie in der Garage gefunden.

Das gehört auch zu Kampen. Es gibt heute noch Freunde, die ihr regelmäßig eine rote Rose aufs Keitumer Grab legen.

Alles im Leben hat eine Außen- und eine Innenseite. Wir sollten öfter, viel öfter, nach den Geschichten hinter den Geschichten fragen – uns nicht so schnell von der Oberfläche beeindrucken lassen. Hinter jedem Menschen stehen Geschichten voller Tragik und Poesie, Geschichten von Glanz und Wunderlichkeit. Wie oft müssten wir staunen und sagen: Ach, so ist das!

Tante Emma sitzt wieder in ihrem Zimmer und nimmt übel

Tante Emma ist eine Frau, die ständig darauf wartet, dass einer kommt, der sich um sie kümmert. Wir sagen im Plattdeutschen: „Ött möchte jern flatteiert wern!"

Tante Emma ist eine Frau, die gerne im Mittelpunkt stehen möchte. Wenn Sie Tante Emma besuchen, hören Sie zur Begrüßung nicht den Satz: „Mädchen, das ist ja schön, dass du vorbeikommst." Sie sagt eher Sätze wie: „Na, lässt du dich auch mal blicken" oder „Hast du dich verlaufen?"

Tante Emmas Wortschatz kennt keine Redewendungen wie: „Ob ich dich wohl mal um ein Gefallen bitten dürfte ... Ich freue mich sehr, dass du für mich da bist, wenn ich dich brauche ... Du glaubst gar nicht, wie viel du für mich bedeutest ..."

Sie hat eher so etwas feldwebelhaftes an sich: „Du musst aber unbedingt ... Hast du immer noch nicht? ... Nie hast du Zeit ... Wo warst du denn gestern schon wieder ... Werde du man erst mal alt ...!"

Wenn Tante Emma sich vernachlässigt fühlt, dann schimpft sie wie ein Rohrspatz und beklagt sich, dass alle undankbar sind und nur an sich denken. Allen macht sie ein schlechtes Gewissen, verbreitet eine Atmosphäre, in der sich keiner gerne aufhält.

Es gibt viele „Tante Emmas" auf der Welt. Frauen mit enormen Defiziten an Liebe, mit einem harten Schicksal im Gepäck, mit Trauer über verpasste Chancen, oft klein gemacht und drangsaliert. Ich ahne, wie sie zu dem geworden sind, was sie heute sind. Viele haben mir davon erzählt.

Aber bei allem Verständnis und aller Liebe, zu der wir gerne bereit sind: Wir sind nicht dafür verantwortlich, dass die Tante Emmas dieser Welt glücklich und zufrieden sind. Es ist unerträglich, wenn dir immer nur der schwarze Peter zugeschoben wird, wenn das, was du tust, nie genug ist und nie mit einem guten Wort honoriert wird.

Die Tante Emmas dieser Welt müssen die wichtige Lektion lernen, dass ganz allein sie selbst dafür verantwortlich sind, wie ihr Leben aussieht, wie zufrieden sie sind, ob das Glück bei ihnen eine Chance bekommt oder nicht.

Sie müssen lernen, dass sie nicht von anderen, von Kindern, Enkeln, Nachbarn, Freunden oder sonst wem, erwarten können, was ihre ureigenste Sache ist.

Deine Welt ist so groß oder so klein, wie du sie dir machst, Tante Emma.

Deine Welt ist so schön oder so düster, wie du sie siehst, Tante Emma.

Deine Welt ist so aufregend oder so langweilig, wie du deine Tage füllst, Tante Emma.

Und das alte Sprichwort gilt noch heute: „Wie man in den Wald hineinruft, so schallt es heraus!"

Übrigens: Was ich noch sagen wollte

Obwohl wir viele Worte machen, bleibt doch vieles ungesagt zwischen uns Menschen.

Ich fahre nach Hause und denke: Eigentlich möchtest du es jetzt dem alten Bismarck gleich tun: Wenn der den Salon verlassen hatte, setzte er sich daheim oft an seinen Sekretär und schrieb einen Brief an just den Menschen, mit dem er gerade noch zusammen gewesen war, vertiefte das Gesagte, fügte noch etwas Persönliches hinzu, sprach von dem, was ihm zwischen den Zeilen aufgefallen war.

Ich habe manches Mal nach einer Begegnung mit einem Menschen das Gefühl, dass ich noch einmal umkehren, anrufen oder schreiben möchte unter der Überschrift: „Übrigens, was ich dir noch sagen wollte . . ."

Und dann möchte ich das Eis der Sachlichkeit, der Distanz und Vorsicht zwischen uns schmelzen lassen, keinen Small Talk mehr halten, sondern wesentlich und persönlich werden.

Vielleicht werde ich dann verlegen, womöglich bekomme ich einen roten Kopf, wenn ich einen Blick in mein Herz gewähre. Was soll's!

Ja, ich hätte dir gerne gesagt, wie viel du mir bedeutest, wie ich mich gefreut habe, dass du mir trotz eines vollen Terminkalenders einen Abend deiner Zeit geschenkt hast – und wie sehr ich mir wünsche, dass wir Freundschaft wagen.

Ja, ich hätte es Ihnen gerne gesagt, mit welchem Glücksgefühl ich aus der Wesermarsch zurückgekommen bin, wie sehr ich mich über die englische Rose zu meinem Geburtstag gefreut habe, über die Freundlichkeit und Aufmerksamkeit, mit der Sie einen ganzen Tag für mich gestaltet haben. Ich wusste auf einmal, was Leben schön und groß macht, wo mein Platz ist.

Ja, ich hätte dir gerne gesagt, was mir der Abend zum Thema Engel bedeutet hat mit dem, was du aus deiner Kindheit erzählt hast. Das war so tief, so intensiv und mutmachend, wie ich es selten erlebt habe. Danke. Wie schön, dass es dich gibt, dich wunderbare, starke Frau.

Ich möchte dich um Verzeihung bitten. Ja, ich habe vieles falsch gemacht, habe vielleicht arrogant und unnahbar gewirkt auf dich. Es tut mir Leid. Ich habe mir eine dicke Haut zugelegt, um nicht so verletzlich zu sein. Manches hätte zwischen uns gesagt werden müssen – und ich habe mich in Schweigen gehüllt und dadurch Missverständnisse verursacht.

Übrigens: Was ich noch sagen wollte ...

Dann möchte ich in deinen Augen verweilen und dir sagen, was mich bewegt, wenn ich an dich denke und für dich bete.

Dann hab ich das Gefühl: Wie viel Menschlichkeit geht dieser Welt verloren, weil wir unsere Herzlichkeit zurückhalten.

Manche Laudatio, die am Ende des Lebens gehalten wird, könnten wir doch schon jetzt beginnen.

Mischkultur

Im Gartenbau gibt es das Prinzip der „Mischkultur“. Manche Pflanzen sind gute Nachbarn, manche behindern sich gegenseitig.

Erbsen und Möhren zum Beispiel passen nicht nur im Kochtopf gut zusammen, sondern auch im Beet. Knoblauch und Erdbeeren sind gute Nachbarn. Tomaten und Basilikum. Besonders schlechte Nachbarn sind Bohnen und Erbsen, Kohl und Zwiebeln.

Wie oft habe ich im Garten schon darüber nachgedacht: Das ist bei uns Menschen ganz ähnlich. Es gibt Menschen, die tun uns gut, in deren Gegenwart blühen wir auf, da fühlen wir uns wohl, Leichtigkeit zieht ein, die Chemie stimmt. Und es gibt andere – die sind bestimmt wertvoll im großen Garten des Lebens – aber für uns sind sie „Energiekiller“. Sobald sie in der Nähe sind, liegt ein hochexplosives Gemisch in der Luft, sie ziehen uns nach unten.

Es gibt so etwas wie einen „Wohlfühlabstand“ zwischen zwei Menschen. Wer sich liebt, möchte in Kussnähe zusammen sein, mit normalen Bekannten stehen wir einen halben Meter auseinander, dürfen uns schon mal flüchtig berühren. Mit Fremden oder Höhergestellten stehen wir etwas weiter auseinander. Das musste auch der französische Staatspräsident lernen, dass die Queen nicht „amused“ war, als er freundschaftlich seine Hand auf ihren Rücken legte. – Probieren Sie doch mal aus, wie viel Abstand sie zu wem brauchen, um sich wohl zu fühlen.

Manchmal denke ich, ich müsste mit allen Menschen gut auskommen, es müsste mit allen Harmonie möglich sein. Das Prinzip der Mischkultur belehrt mich eines Besseren.

Ich kann nicht mit allen Menschen gleich gut.

Da ist dieser aalglatte Typ mit seinem Dauerlächeln, der sich nach außen vor Freundlichkeit überschlägt und hinter den Kulissen ganz anders denkt, eine Kleingeistigkeit hat, die mich zum Kochen bringt. Er mag mich wahrscheinlich auch nicht, wir haben verschiedene Entwicklungen durchlaufen, verschiedene Weltbilder im Kopf. Das ist in Ordnung – wir sollten uns aber den nötigen Abstand gönnen.

Da ist eine Frau, die wie ein warme Ofenbank für mich ist. Wenn ich ihr erzählt habe, was drückt und rumort, dann geht es mir gleich besser. Wenn ich eine schwierige Aufgabe vor mir habe, dann ruft sie an und stärkt mir den Rücken. Manchmal steht sie mit Blumen vor der Tür, um Glanz in meinen Tag zu bringen. Bei ihr habe ich das Gefühl, nichts auf dieser Welt kann so schwer sein, dass wir es nicht zusammen schaffen könnten. Das ist Nähe, die gut tut.

Das Prinzip Mischkultur macht mich mutig, entweder Abstand zu wahren oder Nähe zu wagen – so, dass Leben sich entfalten kann. Ich muss kein schlechtes Gewissen haben, wenn ich mit einigen Menschen auf Distanz bin – so ist das wohl vorgesehen im großen Garten des Lebens.

Ach wie gut, dass niemand weiß ...

... dass ich Rumpelstilzchen heiß'. So kennen wir das aus dem Märchen. Der kleine Kerl hatte solange Macht, wie sein Name nicht ausgesprochen war. Als der Name bekannt war, war der Spuk vorbei, da hatte er das Bedrohliche verloren.

Was wir als Geheimnis in uns tragen, das belastet uns. Wenn es heraus ist, fühlen wir uns leichter und besser. Wir müssen uns manchmal etwas von der Seele reden, weil wir sonst daran ersticken würden.

Eine Frau erzählte: „Ich habe mich mit jemand gestritten, wir können uns nicht mehr in die Augen sehen. Ich habe so einen Groll gegen diese Person, dass ich sofort Kneifen in der Magengegend verspüre, wenn ich sie von weitem sehe. Und wenn ich weiß, dass sie zu einem Fest kommt, wo ich auch eingeladen bin, gehe ich garantiert nicht hin. Wissen Sie, was ich in solch einer Situation schon ausprobiert habe: Ich setze mich hin und schreibe dieser Frau einen Brief. Ich sage ihr, wie sehr sie mich verletzt hat, ich sage ihr, wie ich die Dinge sehe, ich sage ihr das erste zuletzt und das letzte zuerst und lasse mal so richtig Dampf ab, lasse alles heraus, was in mir brodelt. Den Brief muss ich gar nicht abschicken, ich kann ihn getrost in den Papierkorb werfen. Allein die Tatsache, dass ich alles einmal rausgelassen habe, dass ich es in Worte gefasst habe, allein das hat eine heilende Wirkung. Ich bekomme Abstand, Aggressionen sind abgebaut, ich sehe manches klarer."

Martin Luther schreibt über die befreiende Wirkung, die eine Beichte haben kann, wenn ein Mensch ausspricht, was in ihm wühlt:

Wenn dich dein Gewissen peinigt, dann gehe zu einem frommen Menschen und klag ihm deine Not. Wenn er dir dann vergibt, dann sollst du es annehmen. Bleib nicht allein [mit deinen Geheimnissen], gönn dir das, was Gott dir schon lange gönnt, die befreiende Erfahrung seiner Vergebung.

Was mir persönlich gut tut, das habe ich von Anselm Grün, dem Benediktiner aus Münsterschwarzach gelernt. Ich sag das einmal in meinen Worten:

Wenn dich irgendetwas belastet, an dir nagt, dir die Ruhe raubt, dich bedrückt, dich krank macht: Schreib das alles einmal auf einen Zettel. Nimm den Zettel, gehe in den Garten und heb ein Loch aus. Und dann legst du den Zettel mit deinen Lasten und Altlasten in das Loch, wirfst gute Gartenerde darauf und obendrauf säst du deine Lieblingsblumen. Mit ein wenig Geduld wirst du die Erfahrung machen, dass auf deinem Mist die allerschönsten Blumen wachsen.

Ich möchte nicht krank werden, weil ich alles in mich hineinfresse. Ich möchte es aussprechen, damit es seine Macht über mich verliert. Und ich kann das glauben: Egal, was war, in allem liegt die Chance für einen Neuanfang.

Zeige mir deine Freunde und ich sage dir, wer du bist

. . . ob man das wirklich so sagen kann, wage ich zu bezweifeln. Aber unsere Freundschaften sagen in der Tat einiges über uns aus. Die Menschen, die ich ganz nah an mich heranlasse, die prägen mich im Laufe der Zeit, die färben auf mich ab.

Wenn ich viel mit negativen Menschen zusammen bin, zieht das nach unten, ob ich will oder nicht!

Wenn ich viel mit Tratschtanten zusammen bin, kann ich mich ihrem Einfluss auf Dauer nicht entziehen.

Wenn ich ein positiver, starker, wahrheitssuchender Mensch werden oder sein möchte, brauche ich Freunde, die mich infizieren mit seelischer Gesundheit, die mich anstecken mit Energie.

Ich brauche Menschen, die an mich glauben, während ich mich selbst gerade aufgegeben hatte.

Ich brauche Menschen, mit denen ich ein langes, ehrliches Gespräch beginnen kann. „Wie wirst du mit Enttäuschungen, mit dem Altwerden, mit deinem Scheitern fertig, wie gehst du mit schwierigen Menschen um?"

Mit wem kann ich lachen und weinen?

Mit wem kann ich beten?

Wer war da, als ich das letzte Mal einen Durchhänger hatte – und was hat er gesagt?

Wer wird kommen, wenn ich krank bin und mir Geschichten von Hoffung und Weite erzählen, mir Lebensmut eintrichtern?

Es heißt: „Wenn die Menschen mehr Freunde hätten, würde sich mancher Gang zum Therapeuten erübrigen."

Je älter ich werde, desto wichtiger werden mir verlässliche Freunde – über den Kreis der Familie hinaus Menschen, die Wege begleiten, die für mich allein zu schwer sind.

Ich wünsche mir Freundinnen, die ehrlich sind. Notfalls sollen sie mich gewaltsam davon abhalten, ein Kostüm zu kaufen, das mir nicht steht.

Ich wünsche mir Freundinnen, die mich darauf aufmerksam machen, wenn ich Brötchenkrümel zwischen den Zähnen habe, eine Laufmasche in der Strumpfhose oder wenn das Make up nicht richtig verteilt ist.

Ich wünsche mir Freunde, die mich hinter dem Ofen hervorholen, wenn ich mich dort mit trüben Stimmungen verkrochen habe, solche, die mich nach einer missglückten Haartönung trösten und nicht schweigen, wenn ich Mist gebaut habe oder auf dem falschen Dampfer bin.

Meine beste Freundin weiß, was ich manchmal anstelle, sie weiß um das Zarte und Verletzliche in mir. Behutsam hüllt sie es ein.

Sie ist ein Mensch, der mich nicht vernichtet, wenn mir etwas schiefgegangen ist. Sie nimmt mich in die Arme.
Wir müssen erst viel mit dem anderen gelacht, geweint, gestritten und gekämpft haben, bis wir sagen können: Dies ist mein Freund!

Sie will nichts mehr von mir wissen

. . . mit diesem viel sagenden Ausdruck meinen wir zunächst einmal: Unsere Beziehung ist nicht mehr so gut, wie sie einmal war. Wenn wir den Satz aber wörtlich nehmen, dann steckt dahinter die simple Erkenntnis: Sie fragt mich nichts mehr. Sie interessiert sich nicht mehr für das, was mich bewegt.

Vielleicht kennen wir uns schon viele Jahre, da passiert es leicht, dass wir einen Menschen in eine Schublade stecken und meinen, ihn bestens zu kennnen.

„Über die musst du mir nichts mehr erzählen, die kenn ich doch, ich kenne schon die Eltern, die Großeltern. Ich weiß Bescheid!“

Kenne ich den anderen wirklich? Ein Mensch entwickelt sich doch ständig, wie ein Negativ in der Dunkelkammer.

Manche Dummheiten von früher mache ich heute nicht mehr, nein, ich trete nicht mehr in jedes Fettnäpfchen, ich lasse schon mal eins aus. Und weil ich die Tochter meiner Mutter bin, muss ich noch lange nicht so sein wie sie, die gleichen Marotten haben. Ich bin reifer geworden, habe Erfahrungen gesammelt, habe aus manchem Fehler und mancher Enttäuschung gelernt. Ich habe meine kleinen und großen Tragödien erlebt und mir manchen Traum bewahrt.

Was habe ich schon für Geschichten gehört, wenn ich unterwegs bin. Geschichten, die mir Mut gemacht haben. Wenn ich höre, was manche hinter sich haben, wie sie sich durchgeboxt haben. Dann denke ich: Es ist alles möglich, es geht immer weiter. Du musst keine Angst haben.

Ich kenne aber auch Geschichten, die mich unendlich traurig machen, wenn ich zum Beispiel höre, dass nach 40 Jahren Ehe alles kaputt ist und zwei Menschen vor den Scherben ihres Lebens stehen.

Was ist in manchem Menschen alles zerbrochen, der einen Dämpfer nach dem anderen bekommen hat, der tyrannisiert worden ist. Natürlich ist der desillusioniert.

Was ist aus erwachsenen Männern geworden, die immer noch wie Loriots Ödipussi am Rockzipfel der Mutter hängen?

Ich möchte nicht mehr stumm neben einem Menschen sitzen, so, als sei er mir egal. Ich möchte ihm nicht vermitteln, ich hätte längst ein fertiges Bild von ihm. Ich möchte den anderen nicht zutexten – sondern auch zuhören.

Menschen sind höchst „frag-würdig“. Will heißen: Sie sind es wert, dass wir fragen, dass wir signalisieren: „Du bist mir wichtig. Ich interessiere mich für die Wege, die du gegangen bist.“

Und dann wird es sehr interessant.

Wir haben uns nicht mehr viel zu sagen

Menschen, die sich mögen, haben ein enormes Bedürfnis sich mitzuteilen. Stundenlang können sie über Gott und die Welt reden ohne die geringsten Anzeichen von Überdruss. Verliebte schreiben Briefe, schicken SMS und Mails, telefonieren bis tief in die Nacht, sie sind neugierig aufeinander.

Aber wir kennen auch das Gegenteil: Zeiten der Funkstille. Seltsam, da sitzen wir mit unserem Partner abends vor dem Bildschirm und jeder bleibt allein mit seinen Eindrücken und Gefühlen, mit seiner Welt. Wir nehmen Anteil am Leben der Schwester Nikola, wir reisen mit dem Traumschiff in die Karibik und sind beteiligt an der Diskussion bei Sabine Christiansen. Und irgendwann gehen wir müde zu Bett, sagen „Gute Nacht" und wissen herzlich wenig von dem, was sich im Inneren des uns nächsten Menschen regt. Es gibt Zeiten, in denen das Gespräch mit den Kindern sehr mühsam ist. Sie haben ihre „Höhlenzeit". Es ist kein Herankommen möglich. Sie schotten sich ab. Jede Frage wird als nervend empfunden. Sie möchten mit ihrer Lieblingsmusik alleine sein, ungestört ihren Gedanken nachgehen.

Haben Kranke und Gesunde sich etwas zu sagen? Oder hat der Gesunde Angst, das Leid nah an sich heranzulassen und dann womöglich sehr rat- und hilflos dazustehen. Und zieht sich der Kranke in ein Schneckenhaus zurück, weil er meint, ihn könne sowieso keiner verstehen, ihm sei nicht zu helfen?

Haben Alte und Junge sich etwas zu sagen, können sich gegenseitig befruchten – die einen mit Weisheit und Erfahrung, die anderen mit Vitalität und Lebensfreude?

Wie kommt es, dass manchmal die Worte nur so aus uns heraussprudeln und ein andermal sind wir höchst einsilbig und hüllen uns in Schweigen.

„Wir haben uns nicht mehr viel zu sagen!", das ist ein bedrückender Satz, ist doch das Gespräch die Brücke zwischen den Menschen, die Brücke, über die Vertrauen und Verstehen möglich wird.

Schweigen kann grausam sein, ist eine Art von seelischer Grausamkeit und Misshandlung. Wo möchte ich das Gespräch mit anderen neu entdecken, den Reichtum, den unsere Worte transportieren können?

Es soll sogar gesund sein, den Hormonspiegel verändern und das Blutbild verbessern, wenn wir uns mitteilen, z.B. über Glücksgefühle, Tagträume, Lebens-Werte, Genüsse, Zärtlichkeit und Zukunftshoffnungen.

Klärungen

Es gehört wohl dazu: Wo Menschen zusammen kommen, da gibt es auch mal Streit, da regt man sich übereinander auf, da schlagen die Wogen hoch. In der Familie, im Beruf, im Verein. Und dann?

Ich halte es gern mit dem klugen Rat: Wenn es etwas zu klären gibt, versuch es erst einmal unter vier Augen. Sprich erst einmal persönlich mit dem, den es angeht. Stell ihn nicht vor den anderen bloß und betratsch es nicht in der Öffentlichkeit.

Von Seelsorgern habe ich gelernt: Nimm dem anderen nicht seine Würde. Sag nicht: Du gehst mir auf den Keks mit deiner ewigen Eifersucht und Empfindlichkeit. Frag doch mal: Wie kommt das, dass du dich ständig mit anderen vergleichen musst, was fehlt dir an Anerkennung und Geborgenheit?

Sag nicht: Sei doch nicht immer so launisch! Frag doch mal: Welchen Widersprüchen in deinem Leben kannst du nicht Herr/Frau werden?

Und wenn einer einen Fehler gemacht hat, könnten wir vom Fingerspitzengefühl des Papst Johannes XXIII. lernen, als er noch Patriarch von Venedig war. Als er den Hinweis bekam, dass einer seiner Priester Alkoholiker sei, packte er seinen Sekretär am Arm und sagte: „Da müssen wir hin!" Der Sekretär fand den Priester in einer Wirtschaft und sie fuhren zum Palais zurück. Dort bot Johannes dem betrunkenen Priester einen Stuhl an mit den Worten: „Bruder, setz dich. Ich möchte bei dir beichten!“ So gewinnen wir Menschen, wenn wir ihnen besonderes Vertrauen schenken und die Chance zum Neuanfang.

Lebenserwartung damals und heute

Von Berufs wegen habe ich viel mit Zollstöcken zu tun. Ich klappe vier Teile auseinander, auf 80 cm.

Das ist die durchschnittliche Lebenserwartung einer Frau von heute: 80 Jahre. Und dann wandere ich mit meinem Finger auf die 50 und denke: Hier stehst du jetzt. Das liegt hinter dir und das liegt vor dir, statistisch gesehen.
Na ja, vielleicht kann ich ja später wie Johannes Heesters einen Teil mehr aufklappen und werde dann genauso fit wie der alte Herr sein und Lust auf Gesangstunden haben. Wer weiß!

Der Blick auf den Zollstock ist ernüchternd. Dabei hat sich in den letzten 100 Jahren vieles zum Positiven verändert. Um 1900 lag die durchschnittliche Lebenserwartung bei 48 Jahren.

Wir sind also heute viel besser dran als die Menschen um 1900 oder 1700 oder noch früher. Sind wir das wirklich?

Es gab eine Zeit, da hieß die Lebenserwartung des Menschen: meine Jahre hier und die Ewigkeit. Heute haben wir laut Statistischem Bundesamt mehr Jahre zur Verfügung, aber haben wir noch die Ewigkeit in unserem Herzen? Manchmal denke ich, wir geraten immer mehr unter Druck, um aus unserer knappen Zeit möglichst viel herauszupressen. Vielleicht hat dieses ganze „Keine-Zeit-Gerede“ einen simplen Grund: Wir haben die Ewigkeit verloren!

Es kommt nicht darauf an, dem Leben mehr Jahre zu geben.
Es kommt darauf an, den Jahren mehr Leben zu geben.

Sonntäglich leben

Gib der Seele einen Sonntag – und gib dem Sonntag eine Seele

Eine Gruppe von Forschern war unterwegs im Urwald. Die Männer wollten die Tier- und Pflanzenwelt des oberen Amazonas erkunden und freuten sich, dass sie erstaunlich schnell vorankamen. Am dritten Tag blieben die Einheimischen, die als Träger und Ortskundige dabei waren, mit ernsten Mienen vor ihren Zelten sitzen und machten keine Anstalten, aufzubrechen. Der Teamchef konnte sich das nicht erklären und fragte, ob die Einheimischen vielleicht mehr Geld wollten oder mit dem Essen nicht zufrieden seien. „Oh nein, mein Herr!", war die Antwort. „Wir müssen nur ein bisschen warten, bis unsere Seelen nachgekommen sind, bei diesem Tempo kommen sie nicht mit!"

Ob unsere Seelen immer mitkommen bei unserer Art zu leben? Was meinen Sie? Hatten Sie genug Gelegenheit, um das zu verarbeiten, was Sie in der letzten Woche erlebt haben, was auf Sie eingeströmt ist, was in der großen Welt und in ihrer kleinen Welt alles passiert ist? Und wenn Sie an die Menschen denken, mit denen Sie gesprochen haben, waren das „Bahnsteigbegegnungen" wie „Guten Tag, gute Reise und tschüss" – oder war da mehr? Haben Sie mal genau hingesehen und hingehört, was den anderen bewegt?

Damit unsere Seele nachkommen kann, ist der Sonntag da, der eine Tag, der anders ist als alle anderen, ein Tag, an dem wir Abstand gewinnen können zu dem, was uns 6 Tage lang in Beschlag genommen hat. „Pass auf", sagt der Sonntag, „dass sich nicht alles bei dir ständig um die Arbeit dreht, dass dein Leben nicht zum Funktionieren heruntergewirtschaftet wird und etwas ganz Wichtiges zu kurz kommt vor lauter Tun und Schaffen. Pass auf, dass deine Träume nicht verkümmern und du deinem hochtourigen Lebensstil womöglich die Lebensfreude und innere Belance opferst."

Einen Tag in der Woche musst du nicht funktionieren, da musst du dir und anderen nicht beweisen, wie tüchtig du bist. Da darfst du dich erinnern, dass Gott deine Füße auf weiten Raum gestellt hat. Einen Tag lang sollst du nicht beherrscht und gegängelt werden von den Ereignissen um dich herum, da sollst du nicht unter deiner Erdenschwere leiden, sondern feiern und frei sein und Mensch sein.

Sisyphos hat Feierabend. Darum ist der Sonntag da, eine Ruhezone für eingespannte und erschöpfte Menschen, eine Horizonterweiterung für alle, die an ihren Denkmustern festkleben, im Tunnelblick für eine Sache gefangen sind. Der Sonntag ist die von ganz oben verordnete Auszeit, damit wir rauskommen aus dem Kreislauf der Zwänge und Verpflichtungen.

Ab und zu musst du dich mal hinsetzen und die Seele nachkommen lassen, dir eine Brachzeit gönnen, dass „dir werde klein das Kleine und das Große groß erscheine", dass du wieder weißt, was wichtig und unwichtig ist, wo deine Prioritäten liegen.

Der Sonntag lädt ein zum Wesentlichwerden!

In den Zehn Geboten steht merkwürdigerweise nicht: „Du sollst rödeln und dich verausgaben, bis es nicht mehr geht." Gleich im dritten Gebot heißt es: „Du sollst den Feiertag heiligen!" – Und zwar nicht als Vorschrift mit erhobenem Zeigefinger, sondern als Einladung zur Freiheit, zum Feiern.

Einen Tag gibt es in der Woche, da liegt eine festliche Vorahnung von dem in der Luft, wie Gott sich diese Welt und seine Menschen gedacht hat.

Der diese Welt geschaffen hat, die Freude, die Liebe, eine Schöpfung in atem-beraubender Schönheit, der sieht in jedem Menschen, der über diesen Globus geht, die Sehnsucht nach Leben, nach Liebe, nach Freundschaft und nach Erlöstwerden.

Jeder Sonntag ist wie ein Picknick, zu dem wir eingeladen sind, wo Gott den Tisch deckt für unseren langen und manchmal beschwerlichen Weg durch die Welt.

Jede Woche fängt damit an, dass wir uns erst einmal Kraft holen für das, was kommt.

Dafür läuten am Sonntag die Glocken.

Unsere Seele braucht den Sonntag. Und unser Sonntag braucht eine Seele.

Hand aufs Herz: Manchmal nehmen wir den Sonntag dafür, um uns nach einer anstrengenden Woche auszuruhen, da müssen wir Schlaf nachholen und Nachwehen auskurieren. Das ist so, aber der Sonntag ist mehr, viel mehr!

Hin und wieder, da holen wir arbeitsmäßig am Sonntag nach, was wir in der Woche nicht geschafft haben, was liegen geblieben ist – oder wir pungeln so ein bisschen herum, um voranzukommen. Das haben wir alle schon mal gemacht, aber der Sonntag ist mehr!

Der Sonntag möchte uns ein festes Herz und einen weiten Horizont geben. Er stiftet uns zum Nicht-Alltäglichen an. Wie können wir das umsetzen?

Die meisten von uns feiern den Sonntag ja nicht mehr mit dem Zeremoniell, wie viele Ältere das noch kennen: Samstag abend wurde der Sonntag mit dem allgemeinen Baden eingeleitet, Kinder wurden in die Sonntagskleider gesteckt. Es gab Sonntagsbraten, Verwandtenbesuche etc.

Das ist nicht mehr. Aber die Frage ist ja, ob wir die Feier des Sonntags nicht wieder ganz neu für uns entdecken können.

Wenn das stimmt, dass jeder Sonntag ein Vorgeschmack des Himmels ist, vielleicht gehe ich dann mal auf einen zu, mit dem ich sonst nicht klarkomme. Wo wir sonst sagen: „Mit dem bin ich ein für alle Mal fertig!“, könnten wir einen neuen Anfang suchen.

Wem danach ist, der könnte einen Brief schreiben und Worte suchen für das, was er schon immer mal – im Grunde seines Herzens sagen wollte. Vielleicht dem Sohn am Studienort, der alten Nachbarin im Pflegeheim, jemand, der schon lange krank ist, nicht mit der alljährlichen Herbstgrippe, sondern so, dass es an seinem Lebensmut zehrt, dass die

Krisis – die Entscheidung darüber, wie es ausgehen wird – noch lange nicht geklärt ist.

Wir können einen besuchen, dem nicht sonntäglich zumute ist. Und wir können irgendwo picknicken und uns des Lebens freuen, den Gedanken freien Lauf lassen, ein Federballspiel mitnehmen oder Freunde besuchen, mit Käse und Rotwein im Gepäck, feiern, dass wir uns haben.

Was hilft mir zu mehr Freiheit und Lebendigkeit, welche Form von Boxenstopp macht mich fit für die Woche, bringt mich in Berührung mit den Menschen, die mir viel bedeuten?

Der Sonntag ist ein himmlischer Luxus. Unsere Seelen sollen nachkommen in einer Welt, die immer schnelllebiger, komplizierter und oberflächlicher wird.

„Gib deiner Seele einen Sonntag und gib dem Sonntag eine Seele", so hat es Peter Rosegger formuliert. Ich wünsche uns allen die Entdeckung einer neuen Sonntagskultur.

Gesundheit aus dem Kochtopf

Es war eine schlimme Zeit. Christoph war fünf Monate alt, lag weinend auf dem Wickeltisch und kratzte sich blutig. Neurodermitis! Ein Wort wird zum Schreckgespenst. Hilflose, traurige Eltern, ratlose Ärzte.

Damals habe ich eine Gesundheitsberaterin kennengelernt, die bei Dr. Max-Otto Bruker in Lahnstein ausgebildet worden war. Kein tierisches Eiweiß, keinen Zucker, kein weißes Mehl, viel frisches Gemüse und Getreide. Das war ihr Weg!

Wer etwas versucht, kann verlieren. Wer nichts versucht, hat schon verloren!

Also gab es jeden Morgen Frischkornbrei und mittags Kartoffeln mit gedünstetem Gemüse und immer reichlich Knoblauch (was hat das Kind gestunken!). Nach einem dreiviertel Jahr war die Krankheit kaum noch wahrzunehmen. Die Haut hatte sich regeneriert. Es war ein kleines Wunder!

Wir sind nicht zu Vegetariern geworden. Aber ich habe etwas gelernt: Unserer Ernährung kommt weit mehr Bedeutung zu, als wir normalerweise denken. Und wenn ich heute beobachte, wie junge Menschen sich ernähren, da wird mir Angst und Bange. Ob die wirklich an den Gesundheitswert von Döner und der täglichen Portion Pommes rot/weiß glauben? Es ist Zeit, dass wieder Kochen gelehrt wird. Das ist existenziell wichtige Alltagskompetenz! Nero fragte Seneca: „Woher kommen die vielen Krankheiten?" Der antwortete: „Herr, zähle die Köche!"

Morgenrituale

„Morgenstund hat Gold im Mund", heißt es im Volksmund. „Früher Vogel fängt den Wurm!"

Das mag alles richtig sein, aber mir fällt es ausgesprochen schwer, morgens aus dem Bett und dann in die Pötte zu kommen. Selten denke ich: „Wie schön, dass ich jetzt aufstehen darf, dass ein jungfräulicher Tag mit seinen 1000 Möglichkeiten auf mich wartet, Welt, ich komme."
Da ist nicht viel von der Begeisterung des „Heute ist der erste Tag vom Rest meines Lebens – ich stecke voller Erwartung, kostbare Stunden liegen vor mir!"

Ehrlich gesagt: An manchen Tagen würde ich mich gerne unter meiner warmen Decke verkriechen und in einem Zustand bleiben, den ich als höchst angenehm empfinde!

Wahrscheinlich gehöre ich nicht zu den sogenannten „Nachtigallen-Menschen", die den Tag frühmorgens mit einem fröhlichen Lied begrüßen. Oder ist es Angst vor dem Viel-zu-vielen, das auf mich wartet und dass dieser Tag mal wieder nicht ausreichen wird, um alles so anzupacken, wie es nötig wäre?

Wie kann ich mit meinem niedrigen Blutdruck das tägliche Morgen-Grauen besiegen?
Meine Freundin Elsbeth schlägt jeden Morgen mit eiserner Disziplin ihre Bettdecke zur Seite und beginnt ein 10-minütiges Gymnastikprogramm nach festem Ritual. Wie ich das bewundere! Ich arbeite daran und es zeigt tatsächlich Wirkung!

Von einigen weiß ich, dass sie gleich nach dem Aufwachen ein Glas Wasser trinken, ein paar Atemübungen machen und sich recken und strecken. Und was noch helfen soll: Wenn im Badezimmer „Gute-Laune-Stimmung" wartet, freundliche Farben, ein getönter Spiegel, der weichzeichnet und mich äußerst vorteilhaft erscheinen lässt, dass wie von selbst aus mir heraussprudelt, was ich in einem Seminar gelernt habe: „Guten Morgen, du Schöne, ich finde dich richtig toll!"

Zu meinem Morgenritual gehört, nach dem Aufstehen die offenen Arme nach oben zu strecken – und dabei bitte ich die Kraft und die Weite des Himmels in den neuen Tag, in alle Arbeit, die zu tun ist, in alle Begegnungen, die auf mich warten. Kostbare Zeit liegt vor mir, ich möchte sie nutzen.

Ich weiß, das Wachwerden, das Aufstehen, ist die große Lebensaufgabe des Menschen, sich mutig dem Leben stellen.

Beim Frühstück lesen wir ein gutes Wort für den Tag und singen jeden Morgen: *„All Morgen ist ganz frisch und neu des Herren Gnad und große Treu. Sie hat kein End den langen Tag, drauf jeder sich verlassen mag!"*

„Wie", sagt eine Freundin, „jeden Morgen singt ihr das?"
Ja, jeden Morgen. Das ist die Konstante unserer Ehe, die Konstante unseres Leben. Das ist gut zu wissen, dass eines verlässlich ist, während uns jeder Tag neu herausfordert und alles um uns herum im Wandel ist.

Denk mal genau das Gegenteil

Galileo Galilei hatte es schwer, die Welt um 1600 davon zu überzeugen, dass sich die Erde um die Sonne dreht.

Die führenden Männer der Kirche in Rom wollten einfach nicht in sein Fernrohr schauen, um sich selbst zu überzeugen. Sie wollten eine Einsicht nicht wahrhaben, die ihr Weltbild über den Haufen werfen würde.

Inzwischen hat Papst Johannes Paul II. Galileo Galilei öffentlich rehabilitiert. „Und die Erde bewegt sich doch!"

Es hat lange gedauert.

Ich habe den Eindruck, als hätten wir modernen Menschen des 21. Jahrhunderts auch Probleme mit gewissen Einsichten, die nicht in unser Weltbild passen. Manchmal halten wir den Schrebergarten unserer Gedanken schon für den Welthorizont, bleiben gefangen in unserem Tunnelblick.

Ist das die einzige Möglichkeit, wie ich die Dinge sehe, wie ich mich eingerichtet habe in meiner Welt oder kann man das alles auch noch ganz anders sehen?

Es hat mich schon etliche Male wachgerüttelt: Ich hatte mich über ein Thema informiert, hatte mir meine Meinung gebildet und war mir sicher, ganz gut Bescheid zu wissen. Und dann erlebe ich im Rahmen einer Talkshow eine Expertenrunde. Jeder beleuchtet das Thema aus seiner Perspektive. Und am Ende der Diskussion stelle ich erstaunt fest: „Ach, so kann man das auch noch sehen!"

Eine Referentin fragte während eines Seminars: „Was ist die Hälfte von 8?" Ich denke: Was soll so eine dumme Frage? Sie sagt: „Drei! – Schneiden Sie die acht mal vertikal in der Mitte durch. Was bleibt dann stehen? Zwei mal die drei! – Und wenn Sie noch eine Antwort wollen, die Hälfte ist auch 0, wenn Sie die Acht in der horizontalen durchschneiden!"

Ach so!

Was haben manche Menschen für fest geprägte Vorstellungen und Meinungen im Kopf. Denk doch mal genau das Gegenteil von dem, was du bis jetzt gedacht hast. Pflüg doch mal quer zur Furche!

Von Eli Wiesel stammt der Satz: „Was ist der Mensch? Hoffnung, die zu Staub wird? Nein. Was ist der Mensch? Staub, der zu Hoffnung wird."

Denk mal den Satz: „Was die Raupe das Ende der Welt nennt, das nennt der Rest der Welt Schmetterling!"

Der französische König Ludwig XIV. ließ sich stets von zwei Fachleuten beraten, die unterschiedlicher Meinung waren. Er selbst sagte nur wenig und ließ sich niemals anmerken, zu wem er hielt. Und dann sagte er: „Ich werde sehen!" und traf seine Entscheidung nach reiflichem Abwägen.

Das Gegenteil denken können, zeichnet einen Menschen mit weitem Horizont aus.

Wer hätte das gedacht ?

Ich weiß nicht, von wem diese Geschichte stammt, aber sie ist so gut, dass sie auf jeden Fall unter die Menschen muss:

Er ist Mitte 50, erfolgreich im Beruf, ein Mann von Welt. Zum Heiligabend bekommt er ein Paket von seiner Patentante Frieda. Jedes Jahr schickt Tante Frieda ein Paket mit einem Weihnachtsgeschenk. Same procedur as every year.

Schon nach dem ersten Blick ahnt der Mann, was da eingewickelt ist. Eine Schachtel Pralinen. Eine Schüttelprobe bestätigt seine Vermutung. „Nun schau dir das an", sagt er zu seiner Frau, „so etwas Einfallsloses. Die Geschäftspartner schenken mir eine Kiste mit gutem Pinot Grigio. Der Chef überreicht mir feierlich einen wertvollen Füllfederhalter. Und ausgerechnet Tante Frieda, meine Patentante, schickt wieder nur ihre Pralinen wie seit 30 Jahren. Das kann einem das ganze Fest verderben."

„Reg dich nicht auf!", sagt die Gattin. „Tante Frieda ist eine alte Frau, die hat nicht mehr so viele Einkaufsmöglichkeiten – und sie ist in einer Zeit groß geworden, in der eine Schachtel Pralinen noch etwas besonderes war.

Aber wenn dich das so wurmt, dann geh zum Ende der Straße. Da wohnt eine Aussiedlerfamilie. Wünsch ihnen ein schönes Weihnachtsfest, schenk ihnen deine Pralinen und du wirst sehen, wenn du anderen eine Freude machst, geht es dir selbst hinterher gleich viel besser."

Der Mann geht los, klingelt, wünscht den Nachbarn ein frohes Weihnachtsfest und überreicht sein Päckchen. Der Vater der Aussiedlerfamilie kann das Glück kaum fassen.

Am ersten Weihnachtstag klingelt es um 8.00 Uhr morgens. Vor der Tür steht die 6-köpfige Aussiedlerfamilie und strahlt:

„So etwas haben wir noch nie erlebt, welche Weihnachtsfreude haben Sie uns bereitet, wie können wir Ihnen nur genug danken!"

„Aber, ich bitte Sie, das ist doch nicht der Rede wert", erwidert unser Mann, „die paar Pralinen!"

„Ja, aber dass Sie auch noch 1.000 Euro dazugelegt haben ...!"

Kann es sein, dass sich hinter dem Weihnachtsfest ein Geheimnis verbirgt, dass wir oft gar nicht recht beachten in unseren lieb gewordenen Fest-Gewohnheiten?

Kann es sein, dass wir denken: „Das kenn ich alles schon – alle Jahre wieder" und verpassen dabei den eigentlichen Glanz, der in diesem Fest verborgen ist, ein Glanz, der uns stabil, mutig und getrost machen kann für's Leben.

Lassen Sie uns auf Entdeckungsreise nach dem Geheimnis von Weihnachten gehen, damit das Fest nicht ein viel zu kleines Pflaster auf viel zu große Wunden bleibt, damit sich die Kraft entfalten kann, die von diesem Fest ausgeht, um unsere kleine und große Welt zu verändern.

Du weißt

Es gibt Momente, da weißt du nicht, was du sagen sollst. Und jedes noch so lieb gemeinte, vielleicht auch richtige Wort, scheint fehl am Platze zu sein.

Was einen am ehesten tröstet und Halt geben kann, das ist, wenn man dann einen Menschen hat, der solche Situationen, wie man sie selbst gerade durchmacht, auch schon erlebt hat.

Da fühlt man sich dann magisch angezogen, man nimmt sich in die Arme und sagt: „Du weißt . . .!“

Für den, der ein krankes Knie hat, sind auf einmal alle interessant, die eine ähnliche Krankengeschichte durchgemacht haben. „Welchen Arzt kannst du empfehlen? Welche Möglichkeiten gibt es? Was hast du erlebt – und jetzt, ist es besser geworden?“

Wer neue Zähne bekommen soll, der hat nur noch ein Thema: Zähne! Wer zur Chemotherapie muss, dem helfen Gespräche mit denen, die diesen angstbesetzten Weg schon gegangen sind.

Und wem eine Brust abgenommen ist, wem ein künstlicher Ausgang gelegt worden ist, der kann die Schönen, Starken und Makellosen in seiner Nähe nicht gebrauchen, der braucht die, die wissen, wie viel Liebe solche Wunden brauchen, wie die Seele leidet.

Unterwegs höre ich viele Geschichten.

Ich höre, was manche Frauen in einem Vier-Generationen-Haushalt mitgemacht haben. Viele könnten Bücher schreiben wie Anna Wimschneiders „Herbstmilch“. Ich höre, dass manche Frauen nach dem Tod ihres Mannes auf einmal allein mit den Kindern dastanden und die Zukunft des Hofes managen und mit harter Arbeit sichern mussten. Es sind Geschichten voller Tragik, aber auch voller Hoffnung. Und gerade die, die viel mitgemacht haben im Leben, die sind Menschen mit einem weiten Herzen, Menschen für andere geworden, die engagieren sich am allermeisten. Vielleicht sind Krisen so etwas wie Wachstumshormone für die Seele!

Bei diesen Frauen kann ich sagen: „Du weißt . . .!“ Und die Solidarität des „Du weißt“ tut gut.

Es tut gut, dass Gott Mensch geworden ist. Er ist in das Menschsein hineingekrochen, wollte am eigenen Leib erfahren, wie Leben sein kann. Jetzt kann ich sagen: Du weißt, wie das ist, wenn man von seinen Freunden im Stich gelassen wird. Du weißt, wie das ist, wenn man vor Angst nicht aus noch ein weiß. Du weißt sogar, wie das ist, im Grab zu liegen, alles begraben zu müssen, abgrundtief verloren zu sein. Du weißt. – Aber Du weißt auch, wie das ist, dann wieder neues Leben zu spüren, anders als das alte, ohne Erdenschwere, neu, groß, für immer. Du weißt.

Was immer mir begegnet, ich suche Stärke und Trost, bei denen ich sagen kann: Du weißt!

Wie wird es sein?

Wie wir einmal alt werden, das wissen wir nicht. Fachleute sind der Meinung: Wir werden mit genau der inneren Einstellung alt, die wir vorher kultiviert haben. Diese verstärkt sich mit zunehmendem Alter.

Wenn Sie heute eine zufriedene, herzensgute, fröhliche Frau sind, alle gerne mit Ihnen zusammen sind und Sie sich gut einstellen können auf das, was Ihnen das Leben vor die Füße legt und wenn Sie das Zimmer betreten, ist es, als ginge die Sonne auf, dann werden Sie im Alter wahrscheinlich immer noch zufriedener und verständnisvoller. Ist das nicht schön?

Freuen Sie sich aber nicht zu früh! Wenn Sie heute schon eine Zicke sind, eine Nöltante und Spaßbremse, wenn Sie ständig griesgrämig herumlaufen, an allem etwas zu meckern haben – wahrscheinlich werden Sie im Alter dann immer noch zickiger. Falls nicht die berühmte Kehrtwende um 180 ° geschieht, dass aus dem Saulus ein Paulus wird.

Teresa von Avila (1515-1582), Nonne und Kirchenlehrerin, hat sich Gedanken gemacht, wie man in humorvoller Weise mit dem Alter umgehen kann:

Bewahre mich vor der schrecklichen Angewohnheit, bei jeder Gelegenheit und über jedes Thema mitreden zu wollen. Mach mich frei davon, alle Details aufzählen zu wollen. Lehre mich zu schweigen. Gib mir die Fähigkeit, auf den Punkt zu kommen.

Ich wage nicht, dich um die Fähigkeit zu bitten, die Klagen meiner Mitmenschen über ihre Leiden mit nie versagender Teilnahme anzuhören. Hilf mir nur, sie mit Geduld zu ertragen. Versiegele meinen Mund, wenn es sich um meine eigenen Kümmernisse und Gebrechen handelt. Sie nehmen mit den Jahren zu – und meine Neigung sie aufzuzählen leider auch.

Ich will dich auch nicht um ein besseres Gedächtnis bitten, nur um etwas weniger Selbstsicherheit, wenn meine Erinnerungen im Widerspruch mit denen anderer Menschen stehen. Lehre mich die gesunde Erkenntnis, dass ich mich gelegentlich irren kann.

Ich habe nicht den Ehrgeiz, eine Heilige zu werden. Aber ein mürrischer alter Mensch ist ein Meisterwerk des Teufels. Lehre mich nachdenklich sein, aber nicht grüblerisch. Hilf mir, hilfreich zu sein, aber nicht diktatorisch. Mach mich mitfühlend, aber nicht sentimental. Gewähre mir, dass ich Gutes finde, wo ich es nicht vermutet hatte. Gib mir den Blick, bei anderen Menschen Fähigkeiten zu entdecken, die ich ihnen nicht zugetraut hatte.

Halte deine schützende Hand über mir. Damit ich nicht schneller gehe, als meine Beine es zulassen. Damit ich nicht stolpere auf dem Weg, auf dem keine Steine sind. Und wenn andere mich überholen, dann unterdrücke meine Neidgefühle. Ich danke dir für alle Wege, auf denen du mich begleitet hast.

Einen Schatz im Herzen haben

Es fasziniert mich stets aufs Neue, wenn ich erlebe, welchen Schatz an Wissen ältere Menschen in sich bewahren.

Was sie in der Kindheit gelernt haben, ist heute noch gegenwärtig, der 23. Psalm, „Befiehl du deine Wege“, das „Lied von der Glocke“ von Schiller:

Fest gemauert in der Erden
steht die Form, aus Lehm gebrannt.
Heute muss die Glocke werden,
frisch, Gesellen, seid zur Hand.
Von der Stirne heiß
rinnen muss der Schweiß,
soll das Werk den Meister loben.
Doch der Segen kommt von oben.

Ich komme mir ganz klein und dumm vor, wenn ältere Menschen alle gängigen Volkslieder auswendig können und ich auf die Hilfe des Liederbuches angewiesen bin.

Heute wird nicht mehr viel auswendig gelernt in der Schule und im Konfirmandenunterricht. Sollen wir das fortschrittlich nennen?

Oder ist das heute wichtiger als je zuvor, dass ein Mensch ein Depot an Hoffnungsworten und Poesie in sich hat, Worte von einem anderen Kaliber als die seichten Sprüche dieser Welt, Worte, die selbst in solchen Zeiten durchhelfen, wo menschliches Trösten und Vertrösten nicht ausreicht?

Brauchen wir nicht Worte, die weiter reichen als unser Horizont, in Situationen, wo es uns normalerweise die Sprache verschlägt, Worte, an denen wir uns orientieren können in einer Zeit, wo keiner mehr so genau weiß, wo es lang geht?

Im Englischen heißt auswendig lernen „learning by heart", mit dem Herzen lernen. Es geht nicht darum, dass der Kopf etwas speichern soll. Es geht darum, dass unser Herz von etwas weiß, das stabil macht, das unser seelisches Immunsystem stärkt, dass uns zukunftsfähig macht.

Einen Schatz im Herzen haben, darum geht es.

Ein Pastor erzählt, er sei zu einem Mann gerufen worden. 61 Jahre war der alt, ein Leben lang nur für die Firma dagewesen. Irgendwann war er zusammengeklappt und nun lag er im Krankenhaus und hatte eine Operation vor sich, wo alles auf dem Spiel stand.

„Herr Pastor, ich habe nie viel mit dem lieben Gott am Hut gehabt – aber seitdem ich hier liege, geht mir etwas nicht mehr aus dem Kopf. Ich muss ständig daran denken, dass meine Großmutter jeden Abend an meinem Bett etwas gesungen hat, mit Flügeln und Engeln und so. Wenn ich das gehört hatte als kleiner Junge, dann fühlte ich mich unendlich sicher und stark, so, als könnte mir nichts auf dieser Welt etwas anhaben. Das weiß ich heute noch. Wissen Sie vielleicht, wie das Lied heißt und können Sie das wohl mit mir beten?"

Es war ein Vers aus einem bekannten Abendlied: *„Breit aus die Flügel beide, oh Jesu, meine Freude, und nimm dein Küchlein ein. Will Satan mich verschlingen, so lass die Englein singen: Dies Kind soll unverletzet sein."*

Du brauchst Schätze in deinem Herzen, um stabil zu sein in den Herausforderungen des Lebens.

„Feier-Abend"

„In dieser Woche habe ich nur einen freien Abend", so habe ich es schon hin und wieder mit Erschrecken festgestellt. Die anderen waren belegt mit Ehrenamt, Einladungen, Sport, Vorträgen, was auch immer.

Und dann ist da noch die Tatsache, dass ich an manchem Abend nachholen „muss", was ich tagsüber nicht geschafft habe: Rechnungen überweisen, telefonieren, den Stapel auf dem Schreibtisch durcharbeiten, noch schnell eine Stunde in den Garten.

Ein freier Abend ist eine Kostbarkeit, ist „Feier-Abend" im besten Sinne des Wortes. Im Grunde ist er viel zu schade zum Arbeiten, zum Verdösen oder durch die Programme zappen – um irgendwo hängen zu bleiben, wo ich anderen beim Leben zuschaue und meine eigene Lebendigkeit verpasse. Ich möchte den Feier-Abend zelebrieren, kleine Rituale haben, die seinem festlichen Charakter entsprechen.

Wenn es dunkel wird, verschwindet manches, was uns tagsüber in Beschlag genommen hat, anderes sehen wir jetzt umso klarer. Ich erinnere mich an die gute Lebensregel: „Lasst die Sonne nicht über eurem Zorn untergehen." Vielleicht sollte ich den einen anrufen, von dem ich weiß, dass etwas zwischen uns steht. Wie viel haben solche Telefonate schon verändert und außerdem besser schlafen lassen.

Wie wär's mit einem Candle-light-Dinner? Es muss nichts Aufwendiges sein. Eine Kleinigkeit zu essen, Kerzen, schöne Musik, ein Glas Wein und Gespräche, für die tagsüber weder Gelegenheit noch Zeit ist. Weiß ich noch, wie's in meinem Mann, in meinen Kindern aussieht, was meine Freundin bewegt? In manchen Beziehungen ist Small Talk auf Dauer zu wenig, da brauchen wir eine besondere Atmosphäre, um uns öffnen, einander näher kommen zu können.

Es gibt Abende, da setze ich mich in meine „Stille Ecke", zünde eine Kerze an, lese ein gutes Buch und nehme die Welt ins Gebet. Die junge Frau aus der Nachbarschaft, die ihren Mann ganz plötzlich verloren hat, den lieben Freund mit seiner schlimmen Krankheit, die gute Freundin, die ihren Weg sucht, den Jungen mit dem ADS, die Nachrichten des Tages, den Lokalteil unserer Zeitung. Es gibt so vieles zu bedenken. Mag sein, dass ich einen Brief schreiben möchte, dass mir irgendeine Idee kommt, ein Zeichen der Liebe zu setzen.

Seitdem mir jemand gesagt hat: Plane den nächsten Tag schon am Abend vorher, versuche ich das, wann immer es geht.

Aufschreiben, was morgen anliegt, festlegen, was die Prioritäten sind und alles schon mal in Gedanken durchgehen. Dann können meine Heinzelmännchen sich bereits in der Nacht damit beschäftigen und mich innerlich darauf vorbereiten.

Einschlaf-Rituale

Jeden Abend, wenn wir uns ins Bett legen, überschreiten wir die Grenze vom Aktivsein zum Loslassen, vom Selber-Verantwortung-Tragen zum Verantwortung-Abgeben.

Jeden Abend legen wir die Zügel aus der Hand und wissen: Es gibt etwas, das liegt außerhalb meines Einflussbereiches!

Der Arzt Christoph Wilhelm Hufeland (1762–1836) empfahl seinen Patienten, abends mit den Kleidungsstücken auch die Eindrücke, Sorgen und Belastungen des Alltags abzulegen. Das ist gar nicht so leicht.

Ich lasse sie los, meine Verantwortung für die Kinder und die alten Eltern. Ich lasse los, was ich falsch gemacht und versäumt habe, auch das, was mich ärgert.

Und dann ziehe ich einen Schluss-Strich und sage: „So, guter Gott, ich habe getan, was ich konnte, jetzt musst du weitermachen. Wo ich nur die Ohren erreicht habe, beweg du die Herzen. Wenn ich etwas verbockt habe, schreib du auf meinen krummen Linien gerade. Lass mich in deiner Ruhe zur Ruhe kommen und gib mir gute Träume."

Glücklicherweise gehöre ich zu den Menschen, die sofort einschlafen, wenn sie in die Horizontale kommen. Meine Lieblingsübung ist, den Tag noch einmal Revue passieren zu lassen und durchzubeten, rückwärts. Das ist so etwas ähnliches wie das „Schäfchen-Zählen". Mehr als drei Situationen schaffe ich selten, dann bin ich eingeschlafen und weiß mich „von guten Mächten wunderbar geborgen". Wenn es gut geht, erinnere mich noch an das Lied, das meine Großmutter jeden Abend mit mir gesungen hat (EG 484). Da ist alles drin, was es vor dem Einschlafen zu Bedenken gibt:

Müde bin ich, geh zur Ruh, schließe meine Augen zu,
Vater, lass die Augen dein über meinem Bette sein.
Hab ich Unrecht heut getan, sieh es, lieber Gott, nicht an.
Deine Gnad und Jesu Blut machen allen Schaden gut.

Alle, die mir sind verwandt, Gott, lass ruhn in deiner Hand;
alle Menschen, groß und klein, sollen dir befohlen sein.
Müden Herzen sende Ruh, nasse Augen schließe zu.
Lass den Mond am Himmel stehn und die stille Welt besehn.

Diese Rituale machen die dunkle Nacht zum Freundesland, sie tun gut.

Wolfgang Amadeus Mozart hat gesagt: *„Ich danke meinem Gott, dass er mir das Glück gegönnt hat, ihn als Schlüssel zu unserer wahren Glückseligkeit kennen zu lernen. Ich lege mich nie zu Bette, ohne zu bedenken, dass ich vielleicht den anderen Tag nicht mehr da sein werde. Und es wird doch kein Mensch sagen können, dass ich im Umgang mit anderen mürrisch oder traurig wäre – ganz im Gegenteil.“*

Tiefgang und Leichtigkeit, jeden Abend vorm Schlafengehen.

Tu deinem Körper Gutes, damit deine Seele Lust bekommt, darin zu wohnen

Dieser Satz der Teresa von Avila (1515–1582) ist für mich das positivste, was ich je zum Thema Gesundheits- und Körperbewusstsein gehört habe.

Der Satz hat so viel Charme, dass er mich lockt.

Es gibt Abende, meistens wenn ich von einer anstrengenden Fahrt nach Hause komme, da brauche ich für mein inneres Wohlbefinden zwei Leberwurstbrote und eine Flasche Bier.

Aber es gibt auch Abende, meistens nachdem ich tagsüber einer Elfe begegnet war, bei der alles sitzt, alles straff ist, dann hole ich mir das Weight-Watchers-Kochbuch und bin besessen von dem Gedanken, drei Kilo abzunehmen.

Ja, es gibt Abende, da sitzen wir mit einer Tüte Chips auf dem Sofa und essen nach Herzenslust und genießen das pralle Leben. Aber ich kenne auch Fastenzeiten, wo ich dem

Körper seinen Frühjahrsputz gönne und mich freue, wie herrlich frei der Kopf dabei wird, wie leicht der Körper sich anfühlt. Der Cholesterinwert ist von 230 auf 170 gefallen!

Ich mag die Leute nicht, die am kalten Buffet angesichts von Roastbeef, Schinkenröllchen und Schweinemedaillons Vorträge über Müsli und Kalorien halten. Wer nicht genießen kann, ist irgendwie ungenießbar, ein Miesmacher.

Aber es ist mir wichtig, bewusst auf die Ernährung zu achten.

Ich trinke gerne Wein, ich feiere gerne. Aber eines habe ich von einem Seelsorger gelernt: Trinke nur so viel Alkohol, dass du noch in der Lage bist, mit einem Sterbenden ein Vaterunser zu beten. Gib deinen Geist nicht auf. Ich hatte schon mal so eine Situation, dass ich von einem Fest gerufen wurde.

Ja, ich hätte gerne zellulitisfreie Zonen am Körper, ich würde auch gerne wieder in Größe 40 passen, ohne dass es peinlich wirkt. Aber was soll's. Vielleicht sollte ich bei einem festlichen Essen mit einer Freundin oder meinem Mann in Würde Abschied nehmen von Größe 40 und manchem Ideal von Makellosigkeit.

Mein Leben ist in den letzten Jahren umfangreicher und gewichtiger geworden. Na und. Mich selbst zu mögen ist besser, als um jeden Preis verbissen irgendeinem Ideal nachzujagen.

Manchmal erwacht die alte Lust am Sport. Ich weiß, was Bewegung, ob walken, joggen oder schwimmen, bringt für Herz- und Kreislauf, für den Stoffwechsel, wie es Körperfett verbrennt, Lebensfreude entfaltet, die Abwehrkräfte stärkt, die Verdauung unterstützt. Eine Stunde Waldluft killt mehr schädliche Bakterien als eine halbe Packung Penicillin.

Und dann frage ich mich: Warum sitze ich bei so viel positiven Gründen noch auf dem Sofa? Ich möchte in mich hineinhorchen: Was braucht mein Körper, damit meine Seele gerne darin wohnt?

Wer bin ich?

Es gibt ein bewegendes Gedicht von Dietrich Bonhoeffer.

Er hat es in den Jahren 1943/44 im Gefängnis geschrieben. In mancher stillen Stunde habe ich mich gut darin aufgehoben gefühlt. In Auszügen heißt es:

Wer bin ich? Sie sagen mir oft,
ich träte aus meiner Zelle
gelassen und heiter und fest
wie ein Gutsherr aus seinem Schloss ...
Wer bin ich? Sie sagen mir auch,
ich trüge die Tage des Unglücks
gleichmütig, lächelnd und stolz,
wie einer, der siegen gewohnt ist.
Bin ich das wirklich, was andere von mir sagen?
Oder bin ich nur das, was ich selbst von mir weiß?
Unruhig, sehnsüchtig, krank, wie ein Vogel im Käfig ...
dürstend nach guten Worten, nach menschlicher Nähe,
zitternd vor Zorn über Willkür und kleinlichste Kränkung,
umgetrieben vom Warten auf große Dinge,
ohnmächtig bangend um Freunde in endloser Ferne,
müde und leer zum Beten, zum Denken, zum Schaffen,
matt und bereit, von allem Abschied zu nehmen?
Wer bin ich? Der oder jener?
Bin ich denn heute dieser und morgen ein anderer?
Bin ich beides zugleich? Vor Menschen ein Heuchler
und vor mir selbst ein verächtlich wehleidiger Schwächling? ...
Wer bin ich? Einsames Fragen treibt mit mir Spott.
Wer ich auch bin, Du kennst mich, Dein bin ich, oh Gott.

Wer bin ich? Heute mit strahlendem Selbstbewusstsein und morgen niedergeschlagen und kraftlos.

Heute die starke Frau, die alles schultert, die vor Tatendrang kaum zu bremsen ist und morgen dieser Schuss vor den Bug — und alles weint in mir.

Es gibt Geschichten, die ich gerne erzähle, auf die ich stolz bin, und es gibt andere, die ich lieber verschweige, an denen ich im Stillen leide.
Ich bin Dr. Jekyll und Mr. Hyde, hochanständig und voller Abgründe in einer Person.
Ich bin die Frau, die beeindrucken kann und sensibel ist und gleichzeitig die, die immer wieder kläglich scheitert und etwas kaputt macht.
Frau von Welt und Puttchen Brammel.

Diese Widersprüche machen uns ja so unsicher und verklemmt.
Wer bin ich?

Einsames Fragen treibt mit mir Spott.

Wer ich auch bin, Du kennst mich, Dein bin ich, oh Gott.

Das ist gut zu wissen.

Lachen befreit

Es ist selten, dass in der Kirche gelacht wird. Man könnte denken, unsere Freude sei so tiefgründig, dass wir sie nur noch schlecht wiederfinden können. Schade eigentlich! Schon der alte Nietzsche wünschte sich Christen, die ein bisschen erlöster aussehen.

An einen Witz zum Himmelfahrtstag erinnere mich allerdings sehr gut:

Ein Ehepaar im gesegneten Alter kommt an der Himmelstür an und wird von Petrus freundlich empfangen. „Herzlich willkommen, gleich kommt der Chauffeur, der wird sie in ihr neues Zuhause bringen."

Ein weißer Cadillac fährt vor. Der Butler in Frack und Zylinder öffnet die Tür und hilft beim Einsteigen. Die beiden staunen nicht schlecht: weiße Ledersitze, Holzarmaturen in Teak, ein gut gefülltes Barfach. Der Weg führt sie durch eine Landschaft, wie sie schöner nicht sein kann. Am Ende der Fahrt kommen sie an einer Nobelvil-

la an. Dort wartet ein Dutzend Hausangestellte auf das Ehepaar. Kaum zu glauben: im Bad goldene Wasserhähne und Carrara-Marmor, fantastisches Abendessen und ein großer Pool im Garten.
Petrus ruft an und fragt, ob die beiden zufrieden sind. Und der Mann fragt ganz verhalten: „So ist der Himmel?" – „Ja", sagt Petrus, „so ist der Himmel, was hatten Sie denn gedacht?"

Da blafft der Mann zur Seite, wo seine Frau steht: „Du immer mit deinen blöden Knoblauchpillen und den bitteren Schwedenkräutern. Das hätten wir alles schon 20 Jahre eher haben können."

Ich lebe gern. Ich habe viel Freude an dieser Welt, an den Kindern, an Reisen und guten Freunden, an schönen Gärten, an der Liebe und am Wein. Und hoffentlich kann ich noch lange, lange hier sein.

Aber der Witz mit den Knoblauchpillen spricht meine tiefste Hoffnung an. Dies ist alles nur die Ouvertüre. Das Schönste kommt erst noch.

Wir brauchen Geschichten, die unseren Horizont aufreißen. Wir brauchen solche Witze wie den mit den Knoblauchpillen, um in aller Erdenschwere an die Leichtigkeit des Seins erinnert zu werden. Lachen ist eine Art „Rohrfrei" für die Seele, schüttet die berühmten Endorphine aus, macht gesund.

Humor und Humus haben die gleiche Sprachwurzel.

Ich erlebe immer wieder, dass Menschen, die mit dem großen Rhythmus des Lebens vertraut sind, die mit Humus umgehen, in der Regel auch einen herzerfrischenden Humor haben. Sie können sich selbst auf die Schippe nehmen und sind versöhnt mit dem, was nicht zu ändern ist und zum Leben dazugehört.

Es war bei einer Adventsfeier im Landfrauenverein. Die Heizung war ausgefallen. Da saßen fast 200 Frauen und haben gefroren. Es war wirklich kalt! – Was tun? Da sagt die Vorsitzende: „Das halten wir schon durch. Wir machen uns einfach warme Gedanken. Und wenn die Zähne so laut klappern, dass es stört, dann können wir sie ja rausnehmen!"

Wir hatten einen wunderschönen Nachmittag!

Aus allem das Beste machen

Zu meinen Lieblingssendungen im Fernsehen gehört das „Kochduell“. Die Herausforderung besteht darin, aus dem, was an Zutaten (manchmal ist das eine exotische Zusammenanstellung) da ist, etwas ganz Raffiniertes, Köstliches zuzubereiten.

Wann immer ich das sehe, nehme ich mir vor, die Gefriertruhe und die Vorratsschränke durchzuforsten. Endlich mal aufbrauchen, was sich da alles angesammelt hat. Die Kunst der Improvisation üben.

Ich kenne Frauen, die Generation unserer Mütter und Großmütter, die haben es zu einer wahren Meisterschaft im Improvisieren gebracht. Im Supermarkt konnten sie nicht unter 50 Likörsorten auswählen. Aber sie wurden in höchstem Maße erfinderisch mit immer neuen Variationen von Selbstangesetztem.

Weil es im Handel keine Babysachen zu kaufen gab – und weil das Geld sowieso fehlte – ribbelten sie die alten Zuckersäcke auf und häkelten selbst und waren stolz wie Oskar auf ihre Ergebnisse.

Die Bräute suchten in jener Zeit umsonst nach einem Designer-Brautkleid von „Dior“. Sie strahlten, wenn sie etwas Selbstgenähtes aus Fallschirmseide oder vom Familienleinen tragen konnten.

Die Kunst der Improvisation!

Wir können uns auch die Lebensumstände nicht immer aussuchen. Sie wissen das. Es ist im Leben nicht immer so, wie wir es uns vorstellen und wünschen. Es ist, wie es ist! Und stark ist der, der sich auf die Gegebenheiten einstellen kann und nicht ständig nur jammert und sich hängen lässt, wenn es nicht nach seinem Geschmack geht.

Mit dem Mangel ebenso umgehen können wie mit dem Überfluss. Mit Milchsuppe genauso zufrieden sein wie mit Lachs, mit dem Einfachen genauso fröhlich bleiben wie im Luxus.

Das ist stark, wenn sich jemand – egal, wie schwer das ist – auf Krankheit einstellen kann, so, wie ihm Gesundheit immer selbstverständlich war. Das ist stark, wenn einer weiß, es gibt Erfolge und Niederlagen, Lieben und Abschiednehmen, Aktivsein und Erleidenmüssen. Alles hat seine Zeit!

Unser Wort Problem kommt von *pro-ballein*. Das meint: Das Leben wirft dir manchen Ball zu, den du auffangen musst. Geh nicht in Deckung, lauf nicht weg, sondern fang den Ball auf und mach was draus.

Wir müssen lernen, mit der Wirklichkeit des Lebens umzugehen, so, wie sie nun mal ist. Das Leben ist kein Wunschkonzert. Konrad Adenauer sagte: „Nehmen Sie die Menschen, wie sie sind, es gibt keine anderen!“ Dale Carnegie rät: „Wenn dir das Leben Zitronen reicht, mach Limonade daraus!“

Beim Kochduell kann man viel lernen. Das Beste machen aus dem, was uns das Leben an Zutaten zur Verfügung stellt!

Regenbogen-Zeit

Leben unter dem Regenbogen

Kein anderer Tag wie Erntedank bietet diese bunte Pracht und spricht die Sinne in so besonderer Weise an. Wir erleben ein Feuerwerk von Farben, Früchten und Düften hier im Altarraum.

Wer das Staunen verlernt hat, der kann es bei diesem Anblick wieder neu entdecken. Und wer zu denen gehört, von denen Wilhelm Busch sagt: „Er hat den Hals zu voll, um danke zu sagen!“, der wird heute hoffentlich an ein altes Geheimnis erinnert: Leben ist und bleibt etwas Heiliges. „Es geht durch unsre Hände, kommt aber her von Gott!“

Unsere Welt ist kein Warenlager, dessen wir uns in Beliebigkeit bedienen können. Wir sind immer noch abhängig von ein paar Zentimetern Ackerkrume, von jener Handvoll Erde, in der Milliarden von Kleinstlebewesen wohnen, mehr, als es Menschen auf diesem Globus gibt. Wir sind immer noch abhängig von der genialen Schöpfung.

Es ist auch in diesem Jahr wieder etwas gewachsen. Trotz aller Schnecken, die zur gefräßigen Plage wurden und manchen Gartenbesitzer resignieren ließen, trotz Starkregen haben wir heute Grund zum Feiern. Wenn die Qualität des Getreides auch nicht so war wie gewünscht, wenn es Verdienstausfälle gegeben hat, die empfindlich getroffen haben. Wenn das gute alte „Nun danket alle Gott“ zeitweise einer depressiven Stimmung weichen musste: Die Saat ist aufgegangen, obwohl es alles andere als selbstverständlich war. Die Mühe war auch in diesem Jahr nicht vergebens.

Es ist an diesem Erntedanktag wie überall im Leben: Du kannst auf das sehen, was nicht so war, wie du es dir vorgestellt hattest, du kannst aber auch zufrieden sein mit dem, was gewachsen ist. Du kannst den Mangel sehen oder das Geschenk. Du kannst alles, was ist, in Trübsinnstinte und Jammerei versinken lassen. Du kannst aber auch sagen: Es gibt solche Jahre und solche, das gehört zum Leben dazu.

Nicht wir diktieren die Spielregeln. Wir haben nur die Möglichkeit, von der Martin Luther einst sagte: „Arbeite so, als ob alles Beten nichts nützt. Und bete so, als ob alles Arbeiten nichts nützt!"

Heute wollen wir feiern. Das Fest der Lebensfreude und der Dankbarkeit. Wir machen uns bewusst, was wir leicht vergessen, dass jedem von uns weit mehr geschenkt ist, als er erarbeiten oder verdienen kann. Wem gehört heute unser Dank?

Oma Krause hat sich viel Mühe gemacht und sich des Pfarrgartens angenommen, der lange Zeit brach gelegen hatte. Jetzt, wo ein junger Pastor einziehen wollte, hatte sie alles tipptopp auf Vordermann gebracht. Als der Pastor eingezogen war und einen ersten Blick in den Garten geworfen hatte, da lobte er die fleißige Frau: „Oma Krause, das ist ja nicht zu fassen, was sie hier mit Gottes Hilfe alles geleistet haben." – „Och, Herr Pastor, Sie hätten mal sehn müssen, wie das hier ausgesehen hat, als unser lieber Herrgott sich noch ganz alleine um den Garten gekümmert hat!"

Dass diese Welt schön und grandios ist, das ist Gottes Werk. Natürlich. Aber wir Menschen stehen in der großen Verantwortung, mit unserer Intelligenz, unserem Fleiß und einem sensiblen Gewissen mitzuhelfen, dass diese Welt ein guter Lebensraum für alle bleibt.

An diesem Tag stehen die Landwirte im Mittelpunkt, als besondere Mitarbeiter Gottes, wenn es darum geht, die Schöpfung zu bebauen und zu bewahren.

Was ist das für eine herrliche Landschaft, wenn wir vom Bückeberg aus auf unsere Dörfer im Auetal schauen. Erst die gelben Rapsfelder, dann die akkurat bearbeiteten Äcker, wo die Saatrillen wie an einem Lineal gezogen sind, dann die grünen Flächen mit der aufgegangenen Saat und später die Getreidefelder, manche so schön, dass man sie gar nicht abernten mag.

Die Menschen sind hier wie von selbst eingebunden in den natürlichen Rhythmus des Lebens, in den Rhythmus der Jahreszeiten, in den Wechsel von blühen und verwelken, säen und geduldig warten müssen, geboren werden und sterben.

Und denken Sie einmal an das Leben in unseren Dörfern. Während die Menschen heute immer mehr zu Individualisten werden und wenn ihnen etwas nicht passt, ziehen sie sich ins Private zurück, stehen die Landwirte, die seit vielen Generationen auf ihrem Hof wirtschaften, für Beständigkeit und Tradition. Bei allem, was sie tun und investieren, sind sie auf die Zukunft hin orientiert. Sie sind es, die die Dorfgemeinschaft zusammenhalten, gegen alle Unverbindlichkeit, die im Trend liegt. „Dass wir alle zusammen gehören, das wollen wir auch pflegen", dieser Impuls geht von den Landwirten aus und das können wir gar nicht hoch genug schätzen in dieser Zeit.

Und noch eins: So etwas Wichtiges wie unsere Ernährung braucht Gesichter, denen wir vertrauen können, keine Nahrungsmittelmultis. Ich habe Landfrauen kennen gelernt, die gehen in den Stall und verbeugen sich erst einmal im Stillen vor der „Königin Kuh". So sehr liegt ihnen die Gesundheit und das Wohl ihrer Tiere am Herzen. Sie wissen, Mensch und Tier, Mensch und Natur sind aufeinander angewiesen. Da kann man nicht in kurzfristigen Zeiträumen denken, es geht um Nachhaltigkeit, um Auswirkungen für die nächsten Generationen.

In einer Zeit, wo die Supermärkte die Preise diktieren, wo die Rahmenbedingungen schwieriger werden, lassen Sie uns Respekt entwickeln vor dem, was an Mühen und Überlegungen in der Landwirtschaft dazugehört. Es geht nicht an, dass ein Liter Mineralwasser teurer ist als ein Liter Milch.

Das Jahr 2002 ist als Flutjahr in die Geschichte eingegangen.

Wir haben bei uns im Dorf erlebt, welchen Schaden Wasser anrichten kann und wie es in wenigen Augenblicken wegspült, wofür Menschen lange gearbeitet haben. Und während die einen stöhnten: „Bei uns ist der ganze Urlaub ins Wasser gefallen!", dachten die anderen: „Deine Sorgen möchte ich haben!" In Sachsen wurden sogar die Messwerte der „Sächsischen Sintflut" von 1867 übertroffen.

Das hat es immer wieder gegeben, dass Menschen nicht nur die Petersilie verhagelt ist, sondern alles den Bach runter ging. Menschen stand das Wasser bis zum Hals, ihnen sind alle Felle weggeschwommen, sie haben kein Land mehr gesehen. So drücken wir das sinnbildlich aus. Und wir könnten alle eine Menge davon erzählen, wie wir persönlich das eine oder andere Mal solche Erfahrungen gemacht haben.

Und dann steht da nach der schlimmen Flut, die alles Leben vernichtet hat, dieser Satz:

„Solange die Erde steht, soll nicht aufhören Saat und Ernte, Frost und Hitze, Sommer und Winter, Tag und Nacht. Meinen Bogen habe ich in die Wolken gesetzt. Der soll das Zeichen sein des Bundes zwischen mir und der Erde."

Mit dem Regenbogen spricht Gott seine große Liebeserklärung, seinen Treueschwur über die Welt und ihren Menschen aus. In allen Unsicherheiten des Lebens gibt es jetzt etwas, auf dass du dich felsenfest verlassen kannst. Gott hat nicht gesagt: „Den Menschen ist nicht mehr zu helfen, bei denen ist Hopfen und Malz verloren, die kannst du vergessen!" Er hat sich festgelegt. Mit seiner Treue können wir rechnen. Die gilt!

Es wird auch zukünftig immer etwas geben, was an unserer Existenz rüttelt und uns heftig zusetzt, wo wir bangen müssen. Ganz bestimmt. Es ist uns keine heile Welt und kein Schlaraffenland versprochen.

Aber du hast jetzt einen Halt, der gilt über alles hinaus, was dir in deinen Händen zerbröseln kann. Dafür steht der

Regenbogen. Und selbst, wenn er nur für kurze Zeit am Horizont steht und wir uns beeilen müssen, um ihn nicht zu verpassen, dieser flüchtige Bogen ist verlässlicher als alles, was wir so sicher wähnen in dieser Welt.

Weil es diesen Regenbogen gibt, müssen wir nicht mehr aufgeben in schwierigen, vielleicht sogar ausweglosen Situationen. Wir können Jahr für Jahr wieder neu die Saat legen in dem Vertrauen, dass etwas daraus wird. Wir können uns getrost auf den Weg machen mit unseren Möglichkeiten. Es lohnt sich, es macht Sinn, jeden Morgen aufzustehen und sich Mühe zu geben.

Und unser Leben wird selbst dann nicht wertlos, wenn wir eines Tages nichts mehr schaffen können, wenn wir keine Erfolge mehr vorzuweisen haben.

Es ist Regenbogenzeit!

Da ist die Hoffnung, dass mein kleines Leben und diese Welt nicht irgendwann mit einem großen Katzenjammer zu Ende geht, sondern einmünden wird in ein Fest der Freude.

Wenn die Zeit vollendet ist

Es ist nicht gut, wenn wir uns eine Wirklichkeit zurechtträumen. Da sind herbe Enttäuschungen vorprogrammiert.

Aber wir können Gottes Wirklichkeit zu unserem Traum machen.

Wie die aussieht, das wird in Psalm 126 so beschrieben:

„Dann werden wir sein wie die Träumenden.

Dann wird unser Mund voll Lachens und unsere Zunge voll Rühmens sein.

Dann werden wir sagen: Der Herr hat Großes an uns getan!"

Ich träume Gottes Wirklichkeit, den Himmel, wo alles vollendet wird, wo alles gut wird.

Da sind alle, die mir im Leben lieb und wertvoll waren und wir werden uns in die Arme fallen – wie auf dem Flughafen, wenn man sich nach einer langen Reise wiedersieht.

Da sind alle, mit denen es schwer war, an denen ich mich wundgerieben habe, an denen ich schuldig geworden bin.

Und?

Auch die kann ich in die Arme nehmen, kann verstehen, warum wir es hier nicht geschafft haben.

Und die Versager und die Verlierer dieser Welt, sie kommen aufs Siegerpodest. Die Krebskranken erstrahlen in einer unvorstellbaren Schönheit. Die Kinder, die viel zu früh diese Erde verlassen mussten, sie sind fröhlich bei ihrem Spiel. Die hier auf den Müllkippen etwas Essbares gesucht haben, sitzen an der Festtafel.

Es ist alles vollendet, was wir nicht vollenden konnten.

Es ist umarmt und zusammengeliebt, worunter wir gelitten haben, was uns hier getrennt hat.

Und ich weiß, dieselbe Hand, die mir hier im Leben Glück und Liebe schenkt, die wird mich auch im Tod halten.

Wenn ich so vom Ende denke, weiß ich mich unterwegs zu einer großen Liebe, die mich schon hier verändert.

In der Schule des Pferdeflüsterers

Ich bin kein großer Kinogänger. Aber dieser Film mit Robert Redford hat mich sehr berührt.

Ein Reitunfall bringt das Leben einer New Yorker Familie aus dem Gleichgewicht. Die 14-jährige Grace trägt schwere Verletzungen davon. Was ist schlimmer zu ertragen: das amputierte Bein oder die verletzte Seele? Ihr Pferd Pilgrim ist so stark verwundet, dass es eingeschläfert werden soll. Es reagiert bösartig und lässt – wie Grace – keinen Menschen mehr an sich heran.

Die Mutter von Grace weigert sich, Pilgrim töten zu lassen. Vielleicht ahnt sie, dass eine Hilfe für das Pferd ganz eng mit einer Hilfe für ihre Tochter zusammenhängt. Sie setzt alle Hebel in Bewegung, um jemand ausfindig zu machen, der die verletzte Seele eines Pferdes heilen kann. Dabei stößt sie im Internet auf Tom Booker, den „Pferdeflüsterer". Die Zeit mit ihm wird Pilgrim und die ganze Familie von Grund auf verändern.

Die Szene, die mich im Film am meisten bewegt hat, ist die, als Tom Booker nach vielen Tagen der Arbeit mit dem verstörten Pferd stundenlang im Gras hockt und nichts anderes tut, als zu warten, bis der ängstliche Pilgrim, der in sicherer Entfernung stand, langsam Vertrauen schöpfte und schließlich immer näher kam, bis sie beide wie zwei Freunde über die Weide gehen konnten.

Das war der Moment, wo ich das Taschentuch brauchte. Ich glaube, jeder Mensch braucht eine Atmosphäre, in der er Vertrauen schöpfen, den aufrechten Gang wieder lernen kann.

Wie oft sind wir verletzt und enttäuscht worden. Wir können alle unsere Geschichten erzählen, warum wir keinen Menschen mehr nah an uns heran lassen, warum wir uns nicht mehr öffnen mögen mit dem, was in uns wühlt.

Manchmal frage ich mich: Gibt es in dieser Welt, in meiner und deiner Welt, so etwas wie „Menschenflüsterer", wie Jürgen Fliege es genannt hat?

Menschen, die sich einfühlen und zuhören können, die zart mit einem anderen umgehen, viel Geduld haben und einen, der innerlich dicht gemacht hat, zu neuem Leben locken können?

Gibt es Menschen, die mich nicht bedrängen, die mich nicht gleich mit ihren Rat-Schlägen erschlagen, die mich nicht vollblubbern mit ihrer Sicht der Dinge, sondern die mir ganz viel Zeit und Verständnis gönnen, bis ich meine Würde und meine Möglichkeiten entdecke?

Gibt es Menschen, die mich nicht nach Äußerlichkeiten, nach meiner Tüchtigkeit beurteilen, sondern so mit mir umgehen, dass meine Unsicherheit sich verflüchtigt und ich wieder Spaß am Leben habe?
Die Mutter von Grace musste lange suchen und lange fahren, bis sie den „Pferdeflüsterer" gefunden hatte. Ich wünschte mir, dass wir ganz in der Nähe Menschenflüsterer finden – und sind!

Die Möwe über unserem Ehebett

Seit unserer Silberhochzeit hängt über unserem Ehebett ein Bild von der Auetaler Künstlerin Heidrun Ewald. Es zeigt ein tanzendes Paar, über dem eine Möwe schwebt. Die Möwe gilt als Symbol für die Freiheit.

Liebe und Freiheit gehören unauflöslich zusammen. Das ist ein Grundsatz unserer Ehe. Wenn ich meinen Mann zu allem mitgenommen hätte, was mir wichtig ist – oder wenn ich immer mit ihm unterwegs sein müsste zu dem, was sein Ding ist – wenn also keiner einen Schritt ohne den anderen gehen dürfte – ich weiß nicht, ob das gut gegangen wäre mit uns.

Was wollen Sie machen, wenn einer eine „Couch potato" ist, überaus glücklich und zufrieden vor seinem Bildschirm – und der andere ist gern mit Menschen zusammen, feiert gerne, möchte aktiv sein, sich engagieren?

Was ist, wenn der eine Erntefeste und Reisen liebt und der andere seine Ruhe?

Die Liebe ist ein Kind der Freiheit. Sie gedeiht nicht in einem Käfig, auch nicht in einem goldenen Käfig.

Wer klammert, der ist ein Liebestöter, der nimmt dem anderen die Luft zum Atmen. Mir sagen Frauen: „Du glaubst es nicht, was bei uns zu Hause los ist, seitdem mein Mann Rentner ist. Ich kann nicht mehr telefonieren, wann, mit wem und wie lange ich will. Ständig steht der Gatte hinter mir. Ich kann auch nicht mehr alleine einkaufen gehen, er will immer mit. Über jeden Schritt möchte er informiert sein. Alle Freiheit, die ich über 30 Jahre wie selbstverständlich genossen habe, die ist dahin. Ein Alptraum! Ich halte das manchmal nicht mehr aus."

Den besten Ehen geht der Sauerstoff aus, wenn Mann und Frau wie Kletten aneinander kleben oder wenn einer den anderen so zurechtbiegen möchte, wie er ihn gerne hätte.

Jeder Mensch braucht seine Freiräume, sein eigenes Leben, eigene Freundinnen und Freunde. Je selbstständiger ein Mensch ist, desto besser ist er für eine Beziehung geeignet.

Ich werde immer hellhörig, wenn mir jemand sagt: „Stellen sie sich vor, wir sind jetzt schon seit 30 Jahren verheiratet und haben uns noch nie gestritten." Soll ich jetzt vor Hochachtung auf die Knie gehen oder denken: Schrecklich! Was muss das für eine muffige Beziehung sein. Wer Streit meidet, der meidet auch die Wahrheit, der kehrt alles unter den Teppich, der verhindert, dass ein Mensch lebendig ist und sich entwickelt. Man muss ja nicht schreien und mit Tellern werfen. Aber es muss doch etwas geklärt werden.

Ich halte viel von Treue, von Verlässlichkeit, damit ich nicht falsch verstanden werde. Aber bitte: Wenn du mich liebst, leg mich nicht an eine Kette, auch wenn sie aus Gold ist. Zwing mich nicht zu deinem Glück.

Wer traut sich noch?

Liebe will Ewigkeit. Liebe soll stärker sein als alle Widerstände, als alle Verstrickungen, sogar als der Tod, das ist die Sehnsucht des Menschen.

Deshalb gibt es doch die vielen Filme, Bücher, Gedichte und Lieder über die Liebe.

Deshalb weine ich doch, wenn ich Kate Winslett und Leonardo di Caprio in „Titanic" sehe.

Ich weine bei „Romeo und Julia", „Pretty Woman", „Tosca" oder Rosamunde Pilcher.

Liebe will Ewigkeit.

Im „Kleinen Prinzen" von Antoine de Saint-Exupery wird das so poesievoll ausgedrückt: „Du bist ein Leben lang für das verantwortlich, was du dir vertraut gemacht hast!"

Ja, ich möchte, dass wir beide zusammenhalten, dass wir durch dick und dünn gehen, auch, wenn es einmal richtig schwer wird.

Aber wir kennen auch Zeiten, da hätten wir uns gegenseitig zum Mond schießen können, da haben wir uns aneinander gerieben, da waren unsere Vorstellungen vom Leben nicht kompatibel. Ich habe dich angeguckt und ungläubig gefragt: „Und bei dem hat mir mal der Boden unter den Füßen gebebt? Was ist da passiert?"

Wir haben eine Nachbarin, die hat viel mitgemacht in ihrer Ehe. Sie hat einen Satz gesagt, der bei uns zu Haus zum geflügelten Wort geworden ist: „Wenn ich jedes Mal weggelaufen wäre, wenn der alte Töffel mich geärgert hat, dann wär ich schon zweimal um die Welt!" – Und sie ist geblieben. Sie war nicht immer glücklich und alles andere als auf Rosen gebettet, aber sie ist geblieben und in diesem Fall hat es sich gelohnt. Ich weiß, es ist nicht immer leicht in der Ehe. Häufiger als früher kommt die Nachricht, dass zwei nicht mehr können oder wollen. Das Paarsterben geht um, im Jahre 2001 sind fast 200.000 Ehen zerbrochen.

Wahrscheinlich spielt die finanzielle Unabhängigkeit der Frauen eine große Rolle, vielleicht gibt es überzogene Glückserwartungen, diese Haltung „wenn dein Pferd tot ist, steig ab", vielleicht auch dieses Lebensgefühl: Mit 40, 50 oder 60 bin ich noch nicht zu alt, um eine neue Runde zu wagen.

Bei einigen kann man nur den Kopf schütteln. Es gibt heute eine Unverbindlichkeit, die macht nicht frei, die macht nur kaputt und ängstlich! Bei anderen müssen wir um der Barmherzigkeit willen sagen: Bevor ihr daran zerbrecht, bevor alles den Bach runter geht, trennt euch. Es gibt Situationen, wo Menschen es nicht schaffen. Versucht, mit Anstand auseinanderzugehen und den Schaden möglichst klein zu halten.

Dieses bleibt: Liebe will immer Ewigkeit. Ich möchte mich an dir freuen, das Leben mit dir genießen und zelebrieren. Es ist schön. Und wenn es soweit ist, wollen wir auch bereit sein zum Abschied, wenn auch unter Tränen, und wollen neugierig sein auf den Himmel. Liebe will immer Ewigkeit.

Danke, Baronin Nadine de Rothschild

Im Zug sitze ich einem jungen, dunkelhäutigen Mann gegenüber. Er kommt aus Somalia und ist auf dem Weg zur Ausländerbehörde in Oldenburg. Wir kommen ins Gespräch.

„Du liebe Zeit, wo genau liegt Somalia?“, denke ich, „was ist da los? Warum ist dieses Land am Ende, so, dass dieser 25-jährige in Deutschland ein neues Leben beginnen möchte, weil er in der Heimat keine Perspektive mehr sieht, nachdem sein Vater und sein Bruder ermordet worden sind?“

Mein Englisch ist stümperhaft. Warum lasse ich das brach liegen in einer Zeit, wo die Welt immer näher zusammen rückt, wo das Gespräch zwischen Nationalitäten, Kulturen und Religionen so wichtig wird?

Und dann fällt mir Baronin Nadine de Rothschild und ihr Buch „Von Beruf Baronin“ ein. Ihre Geschichte ähnelt ein wenig der von Julia Roberts in „Pretty Woman“. Sie kam aus einfachen Verhältnissen, wurde Schauspielerin und von dem Bankier Edmond de Rothschild entdeckt, geliebt und geheiratet.

Weil sie in den neuen, adligen Kreisen eine gute Allgemeinbildung brauchte, machte sie es sich zum Ritual, abends noch einmal den Tag aufzuarbeiten, vor allem das, was Neuland für sie war, worüber sie kein (Hintergrund-) Wissen besaß. Im Laufe der Zeit hat sie mit dieser Methode intensiv und schnell gelernt und sich eine enorme Kompetenz innerhalb ihrer neuen Umgebung erarbeitet. Das hat mich inspiriert, gleich, als ich es gelesen hatte. Ich möchte doch kein Dummchen sein, sondern mit wachem Geist unterwegs – und die „Methode Rothschild" scheint mir ein Erfolg versprechender Weg zu sein.

Seitdem sitze ich manchen Abend da und schau noch einmal ins Lexikon, frage nach den Hintergründen dessen, was ich in den Nachrichten gehört habe.

PISA – worauf müssen unsere Kinder denn vorbereitet werden, um die Herausforderungen der Zukunft meistern zu können?

Wer ist eigentlich Niki de Saint Phalle, die diese herrliche Grotte in den Herrenhäuser Gärten in Hannover und die berühmten „Nanas" gestaltet hat?

Ich kann die ganze Informationsflut, die uns Tag für Tag überschwemmt, nicht bewältigen.
Das geht rein in den Kopf und gleich wieder raus. Bei manchem möchte man sagen: zum Glück.

Wir können uns das am besten merken, zu dem wir einen inneren Bezug haben, z.B. das, was uns tagsüber beschäftigt hat, was zu unserem Umfeld unmittelbar dazugehört. Die Landfrauen sprechen an der Stelle vom „lebensbegleitenden Lernen".

Danke, Nadine de Rothschild. Ich habe etwas Wesentliches von Ihnen gelernt. Ich möchte wach durch meine Welt gehen und fragen, fragen, fragen. Wie hieß das in der Sesamstraße:

„Wer, wie, was, wieso, weshalb, warum, wer nicht fragt, bleibt dumm!"

Die Filme der Nacht

„Was habe ich mir heute Nacht für ein wirres Zeug zusammengeträumt“, so möchte ich manchen Morgen sagen. Ich kann mir keinen Reim darauf machen.

Ein Traum, der bei mir immer wiederkehrt, ist der, dass ich aus dem Haus gehen will zu einem Termin – und ich schaffe es einfach nicht! Die Sachen, die ich anziehen möchte, sind nicht gebügelt oder passen nicht zusammen, die Strumpfhose hat eine Laufmasche und der Autoschlüssel ist unauffindbar. Zum Glück findet dieser Traum immer dann ein gutes Ende, wenn mir einfällt: „So schusselig kannst du in Wirklichkeit gar nicht sein“. Mit dieser wohltuenden Erkenntnis wache ich dann auf!

Träume gehören zum Leben dazu. Vielleicht sind sie die nächtlichen Hausaufgaben – sprechen an, was wir tagsüber nicht verarbeitet haben, zeigen an, was alles im Gange ist in uns. Im Unterbewusstsein.

Im jüdischen Talmud heißt es: „*Wenn du deine Träume vernachlässigst, kannst du ebensogut deine Post ungeöffnet liegen lassen!*“

Träume sind nicht irgendwelche nächtlichen Spinnereien. Sie möchten ernst genommen werden, befragt werden auf das, was hinter ihnen steckt. Sie gehören zu uns, genauso wie das, was wir tagsüber sind und tun!

Wo wir etwas nicht leben oder nicht zulassen, da sorgt der Traum für einen Ausgleich.

Ich bin wie die meisten Frauen ein sehr harmoniebedürftiger Mensch. Ich schlucke eher etwas herunter, als mich mit jemand zu streiten.

Aber im Traum habe ich es einige Male erlebt, dass ich einen Menschen fürchterlich angeschrien habe. Ich habe meinem Ärger Luft gemacht, ohne Rücksicht auf Verluste. Endlich habe ich meine Gefühle beim Namen genannt, die Aggressionen herausgelassen, habe getobt, bin womöglich sogar handgreiflich geworden.

Und umgekehrt: Da ist ein Mensch, mit dem ich nicht auf einen Nenner komme. Er ist mir unsympathisch bis zum Geht-nicht-mehr. Ich bekomme schon Magenkneifen, wenn ich nur an ihn denke. Und diesen Menschen kann ich im Traum – oh Wunder – umarmen, ich kann mich offen mit ihm unterhalten und merke: Der hat auch liebenswerte Seiten, das kann richtig schön sein mit dem. Es gibt einen Weg, dass wir zusammenfinden können.

Träume zeigen etwas an! Manchmal wird eine Wahrheit über mich selbst oder andere enthüllt, die ich normalerweise nicht wahrnehme. Ich soll loslassen lernen, mutiger werden.

Wie gehe ich damit um?

Ich kann abends um gute, klärende Träume bitten, für Einsichten, die mir vom Himmel ins Herz gepflanzt werden. Ich kann aufschreiben, was mich in den Nächten bewegt, mit anderen darüber sprechen. Auf die Träume achten heißt, uns selbst auf die Spur kommen, auch dem Unbewussten in uns!

Ich habe einen Traum ...

... so beginnt Dr. Martin Luther King 1963 seine berühmte Rede. Dieser Traum hat Großes in Gang gebracht, weil viele Menschen ihn mitgeträumt haben, weil er der Anstoß war für etwas, das längst in den Herzen und Köpfen eingepflanzt war.

1859 war auf dem Schlachtfeld von Solferino in Italien ein Schweizer, der hatte beim Anblick von 40.000 Schwerverletzten einen Traum. „Das kann doch nicht sein, dass diese Männer alle ohne Hilfe bleiben." Und der Kaufmann Henri Dunant appellierte an das öffentliche Gewissen der Menschen und forderte zur Gründung einer Hilfsorganisation auf, die Verwundeten, egal ob Freund oder Feind, helfen sollte. Aus seinem Traum entstand später, weil viele mitträumten und mithalfen, das Internationale Rote Kreuz und wurde zu einem Segen für die Menschheit.

Jeder von uns hat mehr oder minder große Träume. Manchmal sind sie müde geworden, von der Wirklichkeit überholt, im Alltag erstickt. Manchmal sind sie der Angst vor dem Neuen, der „Neophobie" gewichen – auf gut Deutsch: „Was der Bauer nicht kennt, das isst er nicht!" Lass uns beim Gewohnten bleiben!

Aber ich wünsche mir, dass ich meine Träume nicht in einen Käfig sperre, wo sie nur noch leise vor sich hinzwitschern. Ich will nicht immer sagen: „Das geht sowieso nicht!" – Ich will versuchen, was möglich ist.

Es gibt einen wunderschönen Text von Lindolfo Weingärtner:

Eine stachelige Raupe sprach zu sich selbst:
Was man ist, das ist man.
Man muss sich annehmen, wie man ist,
mit Haut und Haaren.
Man muss die Situationen annehmen, wie sie sind.
Was zählt, ist das Faktische.
Alles andere sind Träume.
Meine Lebensauffassung lässt keinen
anderen Schluss zu:
Niemand kann aus seiner Haut.
Als die Raupe dies gesagt hatte,
flog neben ihr ein wunderschöner Schmetterling auf.
Es war so, als ob Gott gelächelt hätte.

Ich habe einen Traum. Ich träume, dass wir Frauen wieder unserer Intuition trauen und mit Mut und Selbstbewusstsein unsere Lebensräume gestalten.

Ich wünsche mir, dass wir ein starkes Netzwerk bilden, uns gegenseitig bestärken und inspirieren, dass wir etwas wagen, alte Werte neu entdecken und fragen, wie Leben sich entfaltet und was dem Leben schadet.

Träumen Sie mit? Machen Sie mit?

Es ist viel mehr möglich, als wir denken, wenn wir unseren Träumen ein Fahrgestell zum Landen geben und uns auf den Weg machen.

Träume nicht dein Leben – lebe deinen Traum!

Quellenangaben

Seiten 9–10 nach: Hans Franck, Das Herzgeschenk. Sponholtz-Verlag, Hannover-Hameln, 1954.

Seite 31–33: Die Gegenwart Gottes – eine wirkliche Erfahrung. Turm-Verlag, Bietigheim.

Seite 34 nach: Wolfgang Wiedemannn, Heilsame Erschütterung? Besinnungen zu Gesundheit und Krankheit. Vandenhoeck & Ruprecht, Göttingen, 1994, Seite 33.

Seite 45 nach: Axel Kühner, Überlebensgeschichten für jeden Tag. Aussaat-Verlag, Neukirchen-Vluyn, 1997, Seite 127.

Seite 121: Dietrich Bonhoeffer. Widerstand und Ergebung. Briefe und Aufzeichnungen aus der Haft. Chr. Kaiser/ Gütersloher Verlagshaus, Güterloh, 1951, Seite 242f.

Seite 140: Lindolfo Weingärtner, Einer soll heute dein Nächster sein. Aussaat-Verlag, Neukirchen Vluyn, 1986, Seite 48.